Deutsche Limeskommission · Bad Homburg v. d. H.

Andreas Thiel (Hrsg.)

Der Limes als UNESCO-Welterbe

BEITRÄGE ZUM WELTERBE LIMES

Band 1

2008 Kommissionsverlag · Konrad Theiss Verlag · Stuttgart

Herausgeber:
Deutsche Limeskommission · Saalburg 1 · 61350 Bad Homburg v. d. H.

Bibliografische Information der Deutschen Nationalbibliothek
Die Deutsche Nationalbibliothek verzeichnet diese Publikation in der Deutschen Nationalbibliografie; detaillierte bibliografische Daten sind im Internet über http://dnb.ddb.de abrufbar.

Gestaltung, Satz und Herstellung
red.sign GbR, Stuttgart: Anette Vogt (Projektleitung), Gerhard Junker

Fotos Umschlag
Limestor: Rainau-Dalkingen (Baden-Württemberg); mauritius images/Volker Miosga.
Drachenkopf: Bronzenes Feldzeichen in Form eines Drachenkopfes aus Neuwied-Niederbieber.
Landesamt für Denkmalpflege Rheinland-Pfalz – Archäologische Denkmalpflege, Amt Koblenz.

© Deutsche Limeskommission, Bad Homburg v. d. H. 2008
Das Werk einschließlich aller seiner Teile ist urheberrechtlich geschützt. Jede Verwertung außerhalb der engen Grenzen des Urheberrechtsgesetzes ohne ausdrückliche Genehmigung der Deutschen Limeskommission ist unzulässig. Dies gilt insbesondere für Vervielfältigungen, Übersetzungen in fremde Sprachen, Mikroverfilmungen sowie Verarbeitung und Verbreitung unter Verwendung elektronischer Systeme.

Printed in Germany

ISBN 978-3-8062-2118-3

VORWORT

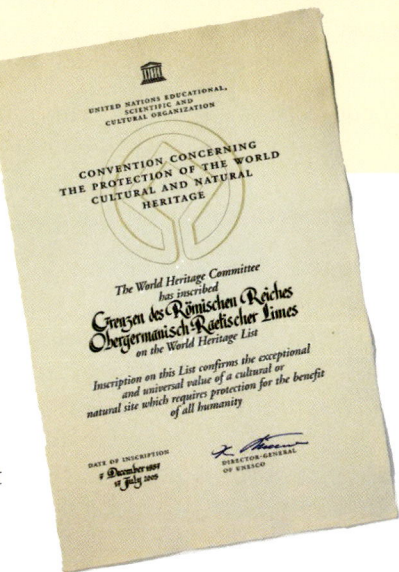

Am 15. Juli 2005 wurde in Durban (Südafrika) der 550 km lange Obergermanisch-Raetische Limes mit seinen 900 Wachtposten und 120 größeren und kleineren Kastellplätzen sowie den dazugehörenden Siedlungen und Infrastrukturbereichen in die Liste des Weltkulturerbes eingetragen. Damit ist der Limes das 31. Denkmal in Deutschland, das diese internationale Auszeichnung erfuhr. Der Obergermanisch-Raetische Limes wurde als zweiter Teilabschnitt der „Grenzen des Römischen Reiches" zum Weltkulturerbe ernannt. Am 5. Juli 2006 überreichte der Staatsminister im Auswärtigen Amt, Günter Gloser, den Ministerpräsidenten Kurt Beck (Rheinland Pfalz), Günther Oettinger (Baden-Württemberg) sowie dem damaligen Staatsminister Dr. Günther Beckstein (Freistaat Bayern) und Staatsminister Prof. Joachim-Felix Leonhard (Hessen) in einem Festakt die UNESCO-WELTERBEURKUNDE.

Der Limes ist das größte und sicherlich eines der bekanntesten archäologischen Denkmale Deutschlands. Das gemeinsame Projekt seiner Eintragung in die Welterbeliste, angefangen mit der exakten Neuvermessung und ausführlichen Beschreibung, war ein gemeinsames Projekt der staatlichen Denkmalpflege in vier Ländern. Bereits im Rahmen der Vorbereitung gelang es, in Bayern, Baden-Württemberg, Hessen und Rheinland-Pfalz zahlreiche Einzeldenkmale besser zu sichern und zu präsentieren. Auch in Zukunft wird es eines unserer wichtigsten Ziele sein, die bedeutendsten noch erhaltenen Teile in öffentliches Eigentum zu überführen, um einen dauerhaften Schutz zu gewährleisten. Daneben gilt es im Rahmen der touristischen Erschließung, die Museen auszubauen, neue Wanderwege anzulegen und die Erfahrbarkeit des Limes zu stärken.

Für diese übergreifende Koordination gründeten die vier genannten Länder im Juni 2003 in Esslingen die Deutsche Limeskommission, die mittlerweile auch von Nordrhein-Westfalen getragen wird. Sie koordiniert über die Landesgrenzen hinweg alle Aktivitäten zu Schutz, Erforschung und touristischer Präsentation des Limes. Die Deutsche Limeskommission soll die Arbeit staatlicher Stellen unterstützen, aber auch allgemein über Inhalte und Anforderungen des Weltkulturerbes unterrichten.
Schon unmittelbar nach der Eintragung in die Liste des Weltkulturerbes begannen die beteiligten Länder, sogenannte Limesentwicklungspläne zu erarbeiten, die aufzeigen, wie man mit diesem herausragenden Denkmal zukünftig denkmalpflegerisch umzugehen hat bzw. es behutsam touristisch für die Öffentlichkeit erschließt. Die Museen am Limes vom Rhein bis zur Donau spielen in diesem Zusammenhang eine wichtige Rolle. Nur durch die Aufbereitung der archäologischen Befunde sowie die Präsentation des Fundmaterials lässt sich die Geschichte dieser antiken Grenze nachvollziehen.
Im Rahmen der Entwicklungspläne steht ein Ziel im Vordergrund: das Intensivieren der archäologischen Forschung hinsichtlich eines verbesserten Schutzes des Bodendenkmals. Auch in Zukunft wird daher die Prospektion, d. h. die topografische Geländeaufnahme mithilfe modernster technischer Möglichkeiten, eine zentrale Rolle spielen. Angesichts erheblicher Verluste, denen das Denkmal allein in den vergangenen Jahrzehnten ausgesetzt war, müssen alle beteiligten Kommunen, Bauherren und Planer ebenso wie die Fachbehörden künftig noch stärker auf einen Schutz des Limes hinarbeiten. Rettungsgrabungen sollten immer nur das letzte Mittel der Denkmalpflege bleiben. Und falls sie zum Einsatz kommen, sind höchste Ansprüche hinsichtlich der Qualität ihrer Durchführung anzulegen.

Grundgedanken sind hier einheitliche Empfehlungen zu langfristigem Bestandsschutz und denkmalverträglicher Präsentation. Für alle Besucher soll erfahrbar bleiben, dass der Limes vor 1800 Jahren eine zusammenhängende Grenzanlage darstellte, der ein ausgereiftes militärisches Konzept zugrunde lag.

Wir freuen uns, mit dem ersten Band unserer Reihe „Beiträge zum Welterbe Limes" diese Aufgaben einem breiten Publikum vorstellen zu können. Es ist mir eine angenehme Pflicht, den Autoren Dr. Martin Kemkes (Rastatt), Dr. Stephan Bender (Aalen), Thomas Becker (Saalburg), Dr. Christof Flügel (München), Steffen Felger (Obersulm) und Dr. Manfred Baumgärtner (Schwäbisch Gmünd) für ihre Mitarbeit sehr herzlich zu danken. Mein ganz besonderer Dank gilt dem Geschäftsführer der Deutschen Limeskommission, Herrn Dr. Andreas Thiel, dessen außerordentlicher Verdienst bei der Vorbereitung des Antrags an dieser Stelle noch einmal besonders hervorgehoben werden soll. Er gehörte der dreiköpfigen Delegation an, die im Sommer 2005 in Südafrika die Belange in den Gremien und bei der Sitzung des Weltkulturkomitees eingebracht hat. Unser Dank geht zudem an den früheren Direktor der Römisch-Germanischen Kommission, Herrn Prof. Dr. Siegmar von Schnurbein, und den Ministerialdirigenten im Innenministerium, Dr. Rudolf Hermann. Sie haben zusammen mit Frau Dr. Ringbeck (Düsseldorf) die deutschen Interessen in Durban vertreten.
Mit der Publikationsreihe „Beiträge zum Welterbe Limes" will die Deutsche Limeskommission in lockerer Folge aktuelle Forschungsarbeiten, aber auch Denkanstöße für die Pflege des Welterbes veröffentlichen. Es gilt, dem wissenschaftlichen Publikum wie der interessierten Öffentlichkeit hier nicht nur neue Ergebnisse, sondern auch Maßnahmen, Überlegungen und Visionen im Zusammenhang mit Denkmalpflege und Tourismus am Limes zu vermitteln. Wir hoffen, dass diese Publikationsreihe eine wichtige Informationsquelle zu Archäologie und Geschichte des Obergermanisch-Raetischen Limes werden wird.

Esslingen, im Februar 2008
Prof. Dr. Dieter Planck
Vorsitzender der Deutschen Limeskommission

INHALTSVERZEICHNIS

Thomas Becker
1. DIE GRENZE – GESCHICHTE UND FUNKTION
Seite 8

Stephan Bender
2. DAS BODENDENKMAL – UMGANG UND REZEPTION
Seite 24

Andreas Thiel
3. DER SCHUTZ DES LIMES
Seite 44

Martin Kemkes
4. DER LIMES ALS VERMITTLUNGSAUFGABE
Seite 54

Christof Flügel
5. WELTERBE LIMES IM MUSEUM
Seite 68

Manfred Baumgärtner und Steffen Felger
6. DER VERBAND DER LIMES-CICERONES
Seite 80

Andreas Thiel
7. DER LIMES ALS KULTURERBE DER WELT
Seite 90

ANHANG
Obergermanisch-Raetischer Limes Managementplan — Seite 100
Ausgewählte Literatur — Seite 126
Anschriften der Autoren — Seite 127
Abbildungsnachweis — Seite 128

1. DIE GRENZE – GESCHICHTE UND FUNKTION

BECKER · DIE GRENZE – GESCHICHTE UND FUNKTION

Von Thomas Becker

1.1 Historischer Hintergrund

Der Limesverlauf, der im Jahr 2005 in das Welterbe aufgenommen wurde, stellt die jüngste römische Grenzlinie in Germanien dar. Ihr ging eine rund 160 Jahre andauernde Eroberungsgeschichte voraus, in deren Verlauf die Grenze des römischen Herrschaftsgebietes rechts des Rheins mehrmals vorverlegt wurde. Ab dem Beginn des 2. Jh. n. Chr. stand der heutige Limesverlauf im nördlichen Abschnitt (Rheinland-Pfalz, Hessen) fest. Im Süden (Baden-Württemberg, Bayern) wurde die äußerste Linie sogar erst gut 60 Jahre später erreicht. Archäologische Daten für diesen Abschnitt weisen auf die Jahre 160–165 n. Chr. für die Anlage der Kastellplätze und vom Limes selbst.

Insgesamt bestand die römische Reichsgrenze, die wir als Obergermanisch-Raetischer Limes bezeichnen, etwa 100 Jahre lang. Einer ersten Bauphase, in der die Grenzanlagen weitgehend aus Holz gefertigt waren, folgte spätestens zu Beginn des 3. Jh. – wohl unter dem Eindruck wachsender Bedrohung – ein allgemeiner Ausbau und eine Verstärkung. Nach der Mitte des 3. Jh. mussten die Römer den Limes aufgeben, einerseits wurde der Druck der Germanen zu stark, andererseits hatten Bürgerkriege und Feldzüge im Osten des Reiches so viele Soldaten abgezogen, dass eine Sicherung der Grenze nicht länger möglich war.

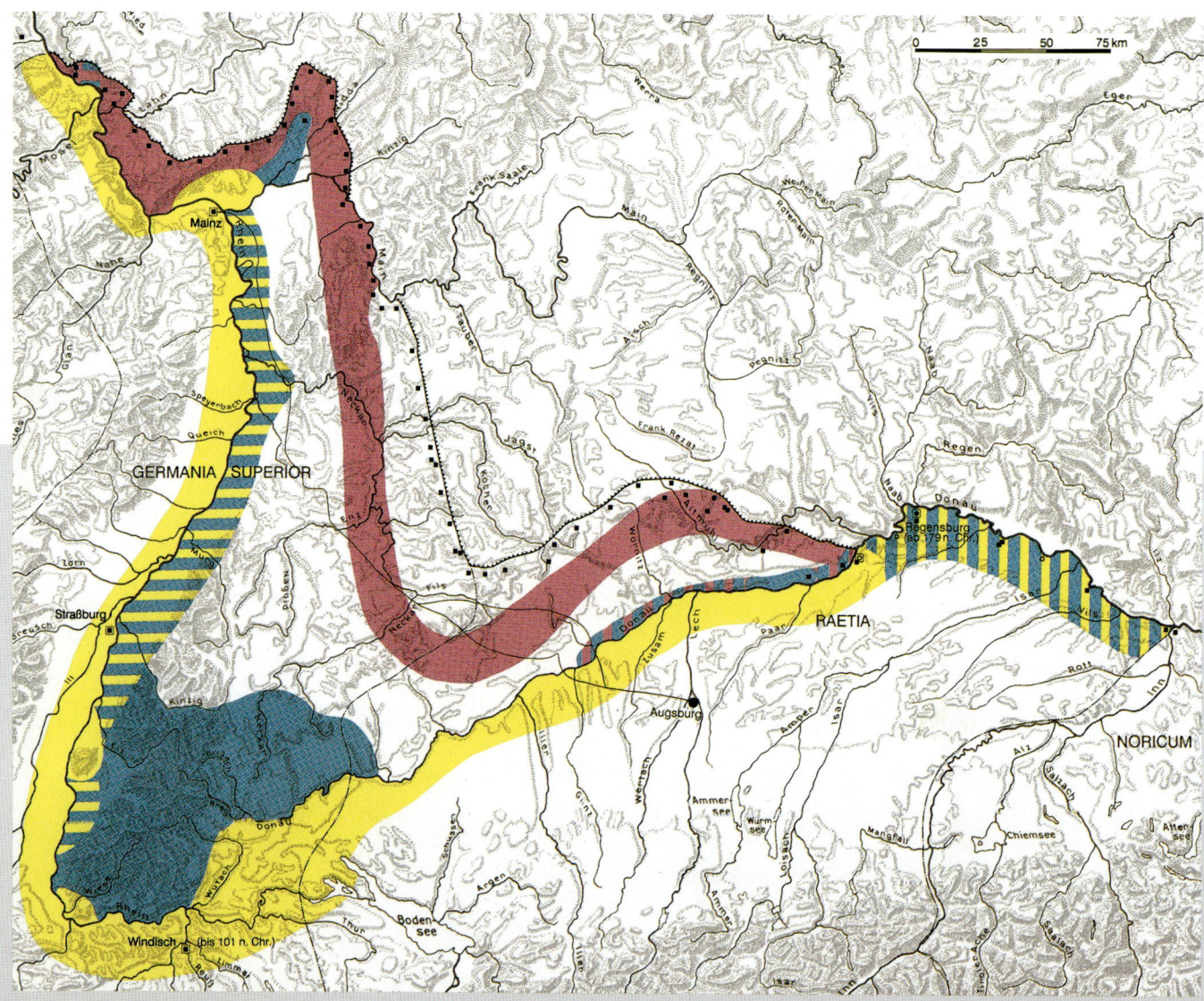

Abb. 1 Vereinfachte Darstellung der verschiedenen römischen Okkupationsphasen. Grenzzonen bis in claudische Zeit (gelb) und in frühflavischer Zeit bis um 80 n. Chr. (blau); Grenzlinien seit domitianischer Zeit bis zur Mitte des 2. Jh. (rot) und endgültiger Limesverlauf seit der Mitte des 2. Jh.

1.2 *limes* = befestigte Grenze?

Der Begriff Limes im Deutschen ist auf eine Fehlinterpretation lateinischer Textstellen (u. a. Tacitus, Germania 29,3) zurückzuführen. Die Römer benutzten keineswegs dieses Wort als Umschreibung für die befestigte Landgrenze. Vielmehr stand es im damaligen Sprachgebrauch für eine „Schneise" oder im weiteren Sinn für eine „Straße", jedoch ohne die damit verbundenen militärischen Einrichtungen wie Wachtürme, Kastelle oder Grenzbefestigungen mit einzuschließen. Wie der Limes von den Zeitgenossen genannt wurde, wissen wir nicht.

1.3 Anlage der Grenzbefestigung

Auf den ersten Blick scheint der Limes zwischen Rhein und Donau recht willkürlich zu verlaufen: einerseits dem Geländerelief angepasst, wie auf den Höhenrücken des Taunus, andererseits in schnurgeraden Strecken ohne Rücksicht auf naturräumliche Gegebenheiten, wie im Schwäbisch-Fränkischen Wald.

Mit der Anlage der Grenzbefestigung verfolgten die Römer verschiedene Zwecke: Im Norden galt es, die landwirtschaftlich fruchtbaren Gebiete der Rhein-Main-Region und Wetterau zu kontrollieren; im Südwesten sicherte man die kürzeste Verbindungsroute zwischen den Provinzhauptstädten Mainz und Augsburg und im Südosten wiederum die Kornkammer des Nördlinger Rieses.

Bei der Vermessung des Limes sind verschiedene Vorgehensweisen zu vermuten. Die geländeangepassten Streckenabschnitte nutzten den von der Natur vorgegebenen Verlauf entlang von Höhenrücken. Die geradlinigen Abschnitte wurden durch das

Abb. 2 Limesstelen markieren den Verlauf der römischen Grenzlinie im östlichen Württemberg.

Abb. 3 Ellwangen-Pfahlheim. Im Luftbild zeigen sich die einzelnen Winkelzüge des Limes sowie die rechteckige Gestalt des Kastells von Halheim.

DER LIMES ALS UNESCO-WELTERBE

Abb. 4 Zweiflingen-Pfahlbach. Der wohl am besten erhaltene Abschnitt des Obergermanischen Limes mit einer Wallhöhe von über 1 m. Situation während der Ausgrabung von WP 9/23.

Abb. 5 Rekonstruierter Abschnitt der Raetischen Mauer am Dennenloher See in Mittelfranken.

Anpeilen und Fluchten hoch gelegener Punkte, wie Berge, Geländekuppen oder Spornlagen, abgesteckt. An solchen Stellen stehen immer besonders hohe Wachttürme. Beide Methoden setzen gute Geländekenntnisse bzw. eine genaue Kartierung im Vorfeld der Baumaßnahme voraus. Vermutlich überwachten eigens aus Rom hinzugezogene Spezialisten die Vermessung. Die eigentlichen Baumaßnahmen führten dann die am Limes liegenden Truppen mit Unterstützung der Legionen durch.

1.4 Bestandteile
Strecke

Die heute noch im Gelände sichtbaren Denkmale sind nur ein Teil der ehemaligen Grenzbefestigung. Ursprünglich durch einen Palisadenzaun gesichert, wurde am Obergermanischen Limes im 3. Jh. ein Graben ausgehoben und mit dem Aushub ein Wall dahinter aufgeschüttet. Der Spitzgraben hatte eine Tiefe von ca. 2 m, der Erdwall wird entsprechend hoch gewesen sein. Dahinter ist ein Patrouillenweg nachzuweisen, der die Wachttürme miteinander verband. In der Forschung wird zur Zeit diskutiert, ob die Palisade gleichzeitig zu Wall und Graben noch Bestand hatte.

In Raetien bestand diese letzte Phase aus einer 1,2 m starken Mauer, der ebenfalls eine Palisade vorausging. Zwar ist an keiner Stelle die Mauer in Orginalhöhe erhalten, doch ist aufgrund der teilweise mächtigen Steinriegel eine Höhe von etwa 3 m anzunehmen. Auch hier begleitet ein Patrouillenweg den Mauerverlauf. Die Geologie der Landschaft spielte bei der Wahl einer Mauer als Befestigung eine entschcidende Rolle. Entlang dem Limes in Raetien steht dicht unter der Oberfläche Kalkstein an, was einerseits das Ausheben eines tiefen Grabens erschwerte, andererseits aber direkt vor Ort Baumaterial zur Verfügung stellte.

Türme

Wachtürme findet man im Abstand von 400–800 m zueinander. In der ersten Bauphase noch aus Holz errichtet, wurden sie um die Mitte des 2. Jh. in Stein ausgebaut. Ihre Bauweise (Höhe, äußere Gestaltung, Raumaufteilung) hing sicherlich von lokalen Gegebenheiten und Anforderungen ab. Hinweise auf die Ausgestaltung des aufgehenden Mauerwerks liefern uns die Befunde aus Ausgrabungen, aber auch vereinzelte Darstellungen von Türmen auf antiken Bildnissen (Trajanssäule, Weltkarte von Madaba). Auf den Wachtürmen verrichteten drei bis acht Soldaten Dienst. Teilweise umfangreiche Keramikreste, Tierknochen und andere

Fundstücke belegen eine längerfristige Abkommandierung der Soldaten auf die Türme. Verständigt hat man sich mit den Besatzungen der Nachbartürme wohl über Meldereiter, im Fall von Gefahr auch über optische oder akustische Signale.

Kastelle

Kastell vom lateinischen *castellum* ist ein Begriff aus der spätrömischen Zeit für einen befestigten Platz, welchen man durch das Mittelalter hin in unseren modernen Sprachgebrauch übernommen hat. Die Römer selbst benutzten ursprünglich für diese Garnisonen einen anderen Begriff: *castra hiberna* = Winterlager/Standlager.

Entlang dem Limes sind über 120 Kastelle bekannt. Die Lagergröße richtete sich nach der Zahl der Soldaten, die in ihnen stationiert waren. Die Einheiten umfassten zwischen 100 und 1000 Soldaten. Meistens bestand eine Truppe aus rund 500 Soldaten Infanterie (der sog. *cohors*), Kavallerie (*ala*), oder gelegentlich auch einer gemischten Einheit (*cohors equitata*). Bei den Soldaten am Limes handelte es sich um Hilfstruppen,

Abb. 6 Großerlach-Grab. Rekonstruierter Limesabschnitt mit Palisade, Graben und Wall sowie einem wieder aufgebauten Steinturm (WP 9/83).

Abb. 7 Lorch. Eine andere Art der Sichtbarmachung: das konservierte Fundament des Steinturms WP 12/9 „Bemberlesstein".

Abb. 8 Ausgrabungsbefunde, wie hier im Kastell von Osterburken, sind nahezu die einzige Quelle für unser Verständnis und den Nachbau der einzelnen Limesbestandteile.

die sich aus der Provinzbevölkerung rekrutierten. Erst nach 30 Jahren Dienstzeit erhielten diese Soldaten das römische Bürgerrecht.

Trotz baulicher Unterschiede je nach der hier stationierten Truppeneinheit lassen sich an den Kastellen einige stets wiederkehrende Schemata feststellen. Die Anlagen am Limes hatten einen rechteckigen Grundriss mit abgerundeten Ecken. In der Mitte der mit einer bis zu 6 m hohen Mauer geschützten Seiten befand sich je ein von Türmen flankiertes Tor. Auch in den Ecken und an den Zwischenstücken sicherten Wachtürme die Mauer. Zinnenbekrönte Wehrgänge verbanden die einzelnen Türme miteinander. Der Mauer vorgelagert waren ein oder mehrere Wehrgräben, die bis zu 6 m breit und 3 m tief sein konnten.

In der Mitte des Kastells lag generell ein großer Verwaltungsbau (principia). Hier befanden sich die Diensträume des Truppenkommandeurs, die Verwaltung, die Waffenkammer, die Truppenkasse und das Heiligtum mit den Truppenstandarten. Neben diesem Bau lag das Wohnhaus des Kommandeurs (praetorium), Magazin- und Werkstattbauten und in manchen Einheiten auch ein Lazarett. Kasernen der Mannschaft und Pferdeställe reihten sich ober- und unterhalb der Principia aneinander, wobei in jedem Bau bis zu 80 Soldaten untergebracht waren.

Rings um die Kastelle entwickelten sich oft ausgedehnte zivile Ansiedlungen (Kastellvici). Hier wohnten Angehörige der Soldaten und Menschen, die von der Wirtschaftskraft der Soldaten lebten. Zu den Kastellplätzen gehören daher neben dem eigentlichen Truppenlager auch stets Bäder, verschiedene öffentliche Bauten, Heiligtümer, eine große Anzahl von Privathäusern und ein oder mehrere Gräberfelder.

Verbindungswege

Der Limes als Kontrollmittel des Grenzverkehrs verlangte ein geeignetes Straßensystem, das die Verbindungen von und zur Grenze sicherstellte. Auch die Legionen aus dem

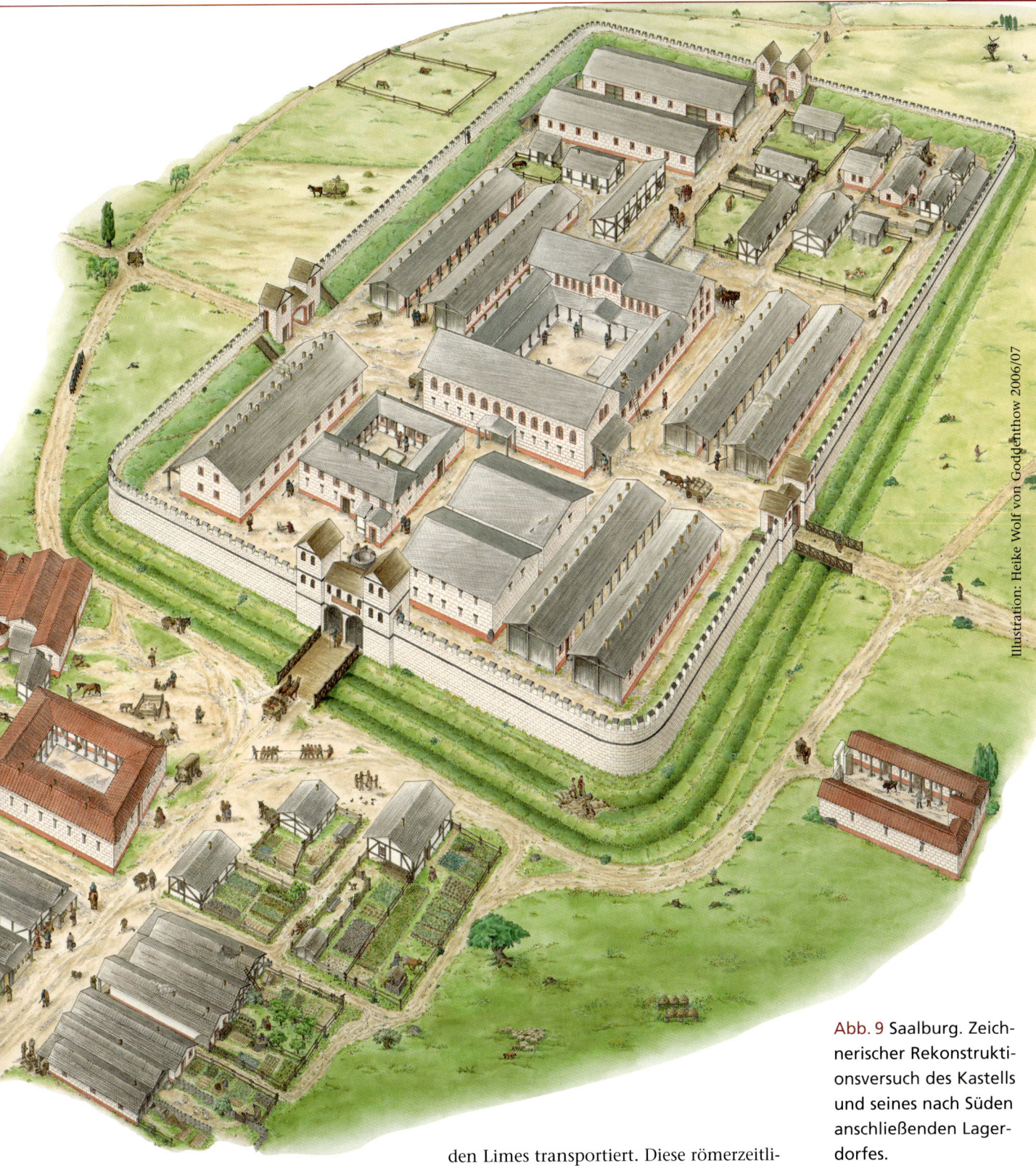

Abb. 9 Saalburg. Zeichnerischer Rekonstruktionsversuch des Kastells und seines nach Süden anschließenden Lagerdorfes.

Hinterland – aus Mainz, Straßburg und ab 179 n. Chr. aus Regensburg – mussten im Krisenfall schnell zur Grenze gelangen können. Über diese Straße wurden neben Nachschub für die Soldaten auch Handelsgüter aus allen Teilen der antiken Welt an den Limes transportiert. Diese römerzeitlichen Verkehrsachsen sind zum Teil noch heute in der Landschaft sichtbar, einzelne Abschnitte wurden nachfolgend durch moderne Straßen überprägt. Aber auch oberirdisch verschwundene Abschnitte lassen sich oft durch Luftbilder noch nachweisen.

Abb. 10 Luftbild der römischen Verbindungsstraße zwischen den Kastellen Butzbach und Friedberg. Deutlich heben sich die beiden begleitenden Straßengräben im Getreide ab.

1.5 Limes – ehemalige deutsch-deutsche Grenze – kein Vergleich?

Zum Verständnis des Limes und seiner Funktion ist man geneigt, moderne Grenzsicherungen als Vergleich heranzuziehen. Besonders die bis 1989 vorhandene deutsch-deutsche Grenze dient hier als Beispiel. Auf den ersten Blick scheinen die beiden Anlagen in der Tat viele Ähnlichkeiten zu haben: eine durchgehende Befestigung des Grenzverlaufs, Sperranlagen gegen Einzelne oder kleine Gruppen, Wachtürme mit Sichtverbindung, Grenzpatrouillen und Übergänge mit „Truppenmassierungen".

Und dennoch sind die beiden Grenzlinien grundverschieden. Der innerdeutschen Grenze liegt die Überlegung zu Grunde, einen unautorisierten Übertritt von beiden Seiten aus komplett zu unterbinden. Es handelt sich hier um eine geschlossene Grenze.

Dies war bei der Anlage des Limes nicht das Ziel der Römer. Hier sollte eine Demarkationslinie geschaffen und gekennzeichnet werden, die den Geltungsbereich der römischen Ordnung anzeigte. In der Regel war aber ein normaler Grenzverkehr möglich, die Grenze war offen. Die Römer wollten aber wissen, wer aus welchem Grund die Grenze überquerte. An den zahlreichen Übergängen wurden Wachhäuser mit Soldaten postiert, die den Verkehr beobachteten, die Waren kontrollierten und Zölle erhoben. Die Kastelle befanden sich oft an Stellen, an denen schon ältere Straßenverbindungen den Limes querten.

Abb. 11 Mödlareuth, Thüringen. Im Deutsch-Deutschen Museum wurde ein kurzer Abschnitt der ehemaligen Zonengrenze mit Mauer, Zaun und Wachturm erhalten.

Abb. 12 Leben an der römischen Grenze, dargestellt in einem Zinnfigurendiorama des Limesmuseums Aalen.

Abb. 13 Wasserburg am Inn. Wasserspeier in Form eines Teufels in einer Hauswand in der Altstadt.

Abb. 14 Lorch. Ausgrabung des Wachturms WP 12/9 durch die Reichs-Limeskommission Ende des 19. Jh.

Die Präsenz von Truppeneinheiten in regelhaften Abständen diente der Abschreckung derjenigen, die unerlaubt die Grenze überschreiten wollten. Dabei war es sicherlich nicht möglich, ein Eindringen in das Römische Reich völlig zu verhindern. Sicherlich konnten Einzelpersonen oder Gruppen aus den germanischen Gebieten die Grenze überwinden, ihr Eindringen blieb aber nicht unbemerkt. Eine heimliche Rückkehr – etwa nach einem Beutezug – war nun sehr risikoreich und die Eindringlinge konnten mit einer Strafaktion des römischen Militärs rechnen.

1.6 Was vom Limes übrig blieb – Orts- und Flurnamen

In einigen Regionen hat sich der Obergermanisch-Raetische Limes in der Orts- und Flurnamentradition erhalten. Bezeichnungen wie „Pohl", „Pfahl" oder „Teufelsmauer" sprechen dafür, dass Teile der ehemaligen Grenzbefestigung von der Bevölkerung noch lange als prägend für die Örtlichkeiten empfunden wurden. „Pohl" beispielsweise lässt sich über Urkunden bereits im 8. Jh. nachweisen. Gewannnamen wie „Alteburg" oder „Hönehaus" für ehemalige Kastellplätze deuten auf erhaltene Reste, die jedoch nicht mehr mit den Römern in Verbindung gebracht wurden. Gerade die Bezeichnung „Hönehaus" oder „Heunehaus" bestimmt einen „Hünen" als Urheber der noch sichtbaren Reste. Diese müssen für unsere Vorfahren noch so beeindruckend gewesen sein, dass sie diesen Bau keinem menschlichen Wesen, sondern nur einer riesenhaften Sagengestalt zutrauten.

1.7 250 Jahre Forschungstradition

Eine wissenschaftliche Beschäftigung an dem Erbe römischer Geschichte in unseren Breiten begann im Humanismus. Gelehrte wie Simon Studion (1543–1605) forschten an Kastellplätzen nach den römischen Funden – gelockt vor allem durch Inschriften. Daraus erwuchs wenig später das Interesse an „Pfahl" und „Teufelsmauer". Männer wie Johann Alexander Döderlein, Weißenburg (1675–1745) oder Ernst Christian Hanßelmann, Öhringen (1699–1775) versuchten erstmals, den Verlauf der Grenzlinie exakt festzulegen.

Aus meist lokalen Bemühungen heraus entstanden erste Kommissionen (z. B. für die Großherzogtümer Baden und Hessen-Darmstadt), die sich der Erforschung des Limes widmeten. Nach der Reichsgründung 1871 entstand der Wunsch, den Limes mit einem gemeinsamen Projekt der Bundesstaaten in Gänze zu erforschen. Dies wurde 1892 durch die Gründung der Reichs-Limeskommission umgesetzt, die in den folgenden Jahren mit großem Aufwand am Limes forschte, den genauen Verlauf feststellte und an den zugehörigen Kastelle Ausgrabungen unternahm. Bis 1937 publizierte sie in insgesamt 15 Streckenbeschreibungen und 93 Bänden zu den Kastellplätzen den gesamten Obergermanisch-Raetischen Limes. Dieses bis heute mustergültige Inventar aller erhaltenen Denkmale sichert der deutschen Limesforschung bis heute einen Spitzenplatz in der Archäologie.

Nach diesem umfassenden Forschungsvorhaben wird es lange Zeit eher still am Limes. Eine zunehmende Zerstörung des Bodendenkmals Limes kann nur gelegentlich durch archäologische Untersuchungen wissenschaftlich begleitet werden. In der Nachkriegszeit, insbesondere in den 50er- und 60er-Jahren, werden vor allem zahlreiche Kastellplätze großflächig überbaut. Erst ab den 70er-Jahren wird es den Denkmalämtern möglich, diese weit fortgeschrittenen Bodeneingriffe wissenschaftlich zu begleiten und zum Teil umfangreiche Rettungsgrabungen durchzuführen. Die dabei gewonnenen Erkenntnisse haben unser Limesbild in Teilen erheblich modifiziert und den Limes in der Öffentlichkeit bekannter gemacht.

Abb. 15 Osterburken. Ausgrabung des Weihebezirks der Beneficiarierstation in den Jahren 1982 und 1983. Der Boden birgt noch manche Überraschung für den Archäologen.

Abb. 16 Rom. Umzeichnung einer Szene der Trajanssäule mit Wachtturmdarstellung (frühes 2. Jh.).

Abb. 17 Welzheim. Der archäologische Park im Ostkastell ist ein Reservat für zukünftige Forschungen.

Die Chance, durch geeignete Schutzmaßnahmen, eines der größten Bodendenkmale Europas für künftige Forschung zu sichern, wird jedoch nicht ergriffen. Erst in den letzten Jahrzehnten ist es möglich, der Bedrohung des Limes auch im Sinne eines besseren Schutzes des Denkmals entgegenzuwirken.

1.8 Perspektiven

Die Archäologie hat sich nach ca. 150 Jahren intensiver Forschung am Limes ein gutes Bild von Art und Aufbau der römischen Grenzbefestigungen gemacht. Dennoch können wir keinesfalls behaupten, jedes Rätsel gelöst zu haben, das der Limes an uns stellt. Unsere Informationsquellen wachsen von Jahr zu Jahr, solange durch archäologische Ausgrabungen historische Quellen aus dem Boden kommen.

Aber auch das, was Forscher vor 100 Jahren dokumentiert haben, birgt immer wieder Überraschungen. So würde es sich beispielsweise lohnen, die Aufzeichnungen und Skizzen der Reichs-Limeskommission nach modernen

Fragestellungen erneut zu überarbeiten. Diese Dokumente liegen fast vollständig im Magazin der Römisch-Germanischen Kommission in Ingolstadt. Gleiches gilt auch für Funde, die Ende des 19. Jh. geborgen wurden und heute noch, nach 100 Jahren Magazinlagerung immer wieder neue Erkenntnisse zutage kommen lassen.

Die Römisch-Germanische Kommission, aber auch Universitäten und Museen (z. B. das Saalburgmuseum) führen Forschungsprojekte und Ausgrabungen am Limes durch. Die Denkmalpflege ist auf Partnerschaften mit diesen Institutionen angewiesen, um den Erkenntnisgewinn über das Leben am Limes und die Organisation dieser Grenzbefestigung auch durch neue Fragestellungen in Zukunft weiterzuführen.

1.9 Rekonstruktionen – was sagen archäologische Befunde?

Der Archäologe versucht, sich anhand der im Boden erhaltenen Zeugnisse ein Bild von vergangenen Kulturen zu machen. Im Fall des Limes ist es z. B. die Rekonstruktion der Grenzanlagen sowie der Hindernisse, Türme oder Kastelle und des Lebens vor Ort. Dabei stützt man sich auf die vor Ort erhaltenen Reste, hat aber über Vergleiche weitere Anhaltspunkte. Häufig werden Ergebnisse

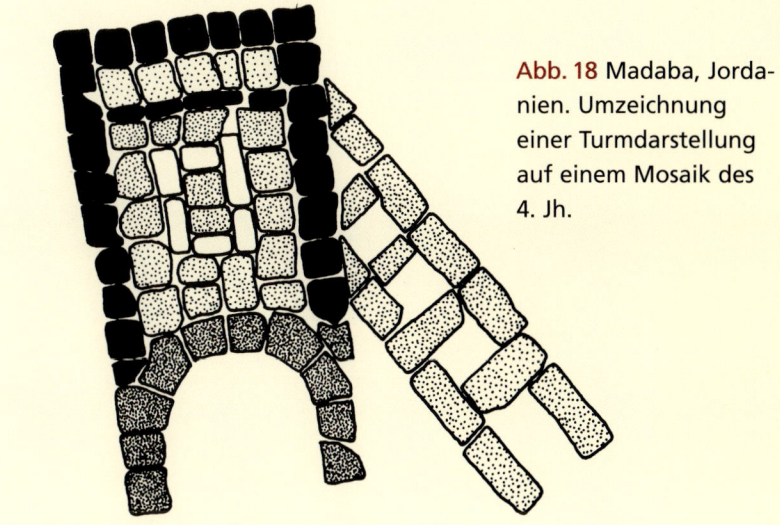

Abb. 18 Madaba, Jordanien. Umzeichnung einer Turmdarstellung auf einem Mosaik des 4. Jh.

archäologischer Ausgrabungen mit anderen Quellen, wie zeitgleichen Darstellungen, kombiniert. Wachtürme sind beispielsweise auf der Trajanssäule in Rom abgebildet, die Feldzüge Kaiser Trajans gegen das Volk der Daker im heutigen Rumänien zeigt. Anhand der dort dargestellten Details der Wachtürme lassen Möglichkeiten aber auch Gefahren einer solchen kombinierten Rekonstruktionsmethode aufzeigen:

Türme haben auf der Trajanssäule einen Eingang zur ebenen Erde, der bei Wachtürmen am Limes im archäologischen Befund nur sehr selten anzutreffen war. Diese waren wohl meist dreigeschossig und hatten einen

Abb. 19 Kaisersbach. Auswahl von Funden aus dem Wachturm WP 9/117. Unscheinbare Stücke, die doch dem Archäologen wichtige Informationen liefern.

Abb. 20 Rheinbrohl. Der 2004 rekonstruierte Holzturm stellt zusammen mit der Darstellung aus Madaba eine Variation zur klassischen Rekonstruktionsweise römischer Wachtürme dar.

Eingang im 1. Stock, den man über eine einziehbare Leiter erreichen konnte. Ferner weisen einige Türme der Trajanssäule eine umlaufende Galerie im 1. Stock auf. Bis zu dieser Höhe haben sich am Limes keine Turmmauern erhalten, sodass die Frage zunächst offen bleibt, ob man auch hier die Wachtürme mit solchen Galerien versah. Großflächige Ausgrabungen liefern jedoch einen Hinweis. Bei einigen Wachtürmen am Limes konnte in einem Abstand von ca. 1,5 m – dies entspricht 5 römischen Fuß – ein umlaufendes Gräbchen nachgewiesen werden. Es diente der Abführung von Oberflächenwasser vom Turmfundament, doch macht eine solch große Entfernung vom Mauerwerk nur Sinn, wenn gleichzeitig auch das vom Dach fallende Wasser direkt in dieses Gräbchen floss. Daraus erschließt sich indirekt eine Dachtraufe von ca. 1,5 m, die wiederum in dieser Breite nur angelegt wird, wenn man eine Galerie damit abdecken will. Durch das Vorbild der Trajanssäule lässt sich also der vorgestellte Baubefund erklären. Das Bild verkompliziert sich aber durch die Tatsache, dass sich solche Gräbchen nicht bei allen Steintürmen finden, sodass zu überlegen ist, ob und, wenn ja, warum, ein Teil der Türme auch ohne Galerie auskam.

Außerdem fällt bei manchen dieser Gräbchen ihre ungewöhnliche Breite und Tiefe auf. Diese scheint über die Funktion einer Traufe hinauszugehen, sodass wir zur Erklärung wiederum den Schutzgedanken heranziehen müssen. Möglich wäre hier eine Füllung des Grabens mit Gebück wie auch eine darin stehende Palisade. Den zusätzlichen Schutz einiger Türme durch Zäune deutet auch die Darstellung auf der Trajanssäule an.

Die äußere Gestaltung der Türme lässt sich ebenfalls aufgrund von Indizien rekonstruieren. Vor allem am Odenwaldlimes, aber auch bei einigen Steinturmstellen im Taunus fanden sich Putzreste. Sie weisen rote Bemalung in nachgestrichenen Fugenverläufen auf. An einem Turmfundament im Odenwald haben sich noch Reste eines vollflächigen Verputzes am Mauerwerk erhalten. Einige Fragmente aus dem Taunus deuten eher einen Teilverputz an, bei dem lediglich die Fugen zwischen den Steinen beigestrichen wurden. Außerdem erklären sich die wenigen Turmstellen mit erhaltenen Verputzresten nicht nur über schlechte Erhaltungsbedingungen. Möglicherweise blieb ein Teil der Türme unverputzt.

Einfluss auf die Rekonstruktion eines Wachtturms haben auch seine Grundrissmaße, aus denen man beispielsweise die ursprüngliche Höhe ablesen kann. Diese war einerseits beeinflusst durch lokale Erfordernisse – etwa ob ein Turm eine Erhebung im Umfeld überblicken sollte –, andererseits aber wohl auch durch allgemeine Vorgaben. Neuere Untersuchungen zeigen, dass die Türme in bestimmten Abschnitten eine einheitliche Grundgröße aufweisen. Diese wurde den ausführenden Bautrupps vom Planungsstab vorgegeben – in der Ausführung des einzelnen Turms konnten sie dann auf lokale Gegebenheiten reagieren.

Sicherlich steht fest, dass die am Limes errichteten Wachtürme keinem einheitlichen Schema folgen. Die Archäologie selbst liefert unterschiedliche

Abb. 21 Die Rekonstruktion von WP 4/16 auf dem Gaulskopf im Jahr 1912 beruhte auf Gutachten und Angaben von Ernst Fabricius, dem Herausgeber des Limeswerkes.

Erkenntnisse, die sich aus den Befunden verschiedener Ausgrabungen zusammensetzt. Eine Rekonstruktion muss sich in jedem Fall an die vorliegenden Belege halten. Es bleibt jedoch auch dann noch genug Spielraum für Interpretationen.

Am gesamten Limesverlauf wurden bisher knapp 20 Wachtürme rekonstruiert, die immer die aktuelle Sichtweise der Forschung spiegeln. Weitere Bauten werden das Bild nur erweitern, ein ideales Aussehen kann aber kaum erreicht werden.

2. DAS BODENDENKMAL – UMGANG UND REZEPTION

DAS BODENDENKMAL – UMGANG UND REZEPTION

Von Stephan Bender

DER LIMES ALS UNESCO-WELTERBE

2.1 Glanzstück und Problemkind der Denkmalpflege

„Nichts kann dir gleichen, Rom, obschon du fast ganz in Trümmern liegst; zerbrochen noch lehrst du, wie groß du einst unversehrt gewesen bist." (Hildebert von Lavardin, französischer Bischof, 1056–1133) Das Diktum hat heute noch volle Gültigkeit und ist uneingeschränkt auf den Limes zwischen Rhein und Donau übertragbar.

In der zweiten Hälfte des 3. Jh. geben die Römer den Limes zugunsten einer neuen Grenzziehung an Donau, Iller und Rhein auf. Es sind zuerst natürliche Prozesse, die im Gebiet der alten Grenzanlagen zum Zerfall der Bauwerke sowie zur Verflachung von Wall und Graben führen, dann kommen in zunehmendem Maße menschliche Eingriffe hinzu, die bis heute die Bauten schwer beeinträchtigen oder restlos zerstören. Der

Abb. 1 Bad Homburg v. d. Höhe. Die Römer verzichten im Hochtaunus manchmal auf Wall und Graben. Wegen des unmittelbar anstehenden Gesteins wird eine Mauer errichtet. Sie ist zerfallen und als Steinwall zu erkennen.

Abb. 2 Hungen-Inheiden. Die Luftbildarchäologie bringt es an den Tag: Im Boden befinden sich viele römische Baureste, obgleich im Gelände heute nichts mehr zu sehen ist. Die Bauspuren des Lagerdorfs reihen sich zu beiden Seiten der Straße, die vom Kastell Inheiden zum nächstgelegenen Truppenstandort Echzell führt.

Limes ist daher nur noch in Resten erfahrbar, oberirdisch sichtbar, oder, was den Wert nicht mindert, im Boden verborgen.

Die Bewahrung der Aussagekraft eines Denkmals von welthistorischem Rang kann angesichts fortwährender Zerstörung nur gelingen, wenn die uns verbliebenen Reste jetzt in ihrem Zustand geschützt und erhalten werden. Diese Arbeit obliegt zwar dem Tätigkeitsbereich der Denkmalfachbehörden der Bundesländer Rheinland-Pfalz, Hessen, Baden-Württemberg und Bayern, ist tatsächlich aber eine gesamtgesellschaftliche Aufgabe.

Konservatorische Maßnahmen, die dem ursprünglichen Zustand des Limes gerecht werden, setzen die möglichst lückenlose Kenntnis der Grenzanlagen voraus. Fehlende Aufzeichnungen aus der Antike und unser immer noch mangelhafter Wissensstand machen daher die Aufnahme gezielter archäologischer Forschungen unumgänglich.

Abb. 3 Rosbach v. d. Höhe -Rodheim v. d. Höhe. In einem markanten Schutthügel stecken die Fundamente eines Gebäudes, dessen Bedeutung in der Antike wir nicht sicher kennen. Der Bau wird als WP 4/4 gezählt.

Abb. 4 Ober-Mörlen-Langenhain-Ziegenberg. Vom nahe gelegenen Kastellplatz stammt ein Baustein der Legio XXII Primigenia Pia Fidelis, der an der Südostecke der Pfarrkirche eingemauert wurde.

2.2 Steinbauten als Rohstofflieferanten

Mit dem Abzug der Römer bricht im Limesgebiet die Steinbautradition zugunsten der Holzbauweise ab. Erst im frühen Mittelalter entsteht wieder Steinarchitektur. Die römischen Bauten gewinnen plötzlich Bedeutung als Steinlieferanten und werden bis in die Neuzeit hinein abgebrochen. Inschriftensteine, die mit dem Mauerwerk abgetragen und wiederverwendet werden, dokumentieren diesen Vorgang. Nicht nur das aufgehende Mauerwerk wird zum Ziel der Steinräuber. Sogar Fundamente werden ausgeräumt.

Wegen der vorhandenen Steine wird für Bauvorhaben gern die Nähe römischer Ruinen aufgesucht. Zahlreiche Limesbauten sind auch aus diesem Grund Standorte sakraler Architektur geworden. Nicht selten ist sie inmitten der Kastellareale aufgeführt worden. Steinturmstellen scheinen zum Bau von Kapellen interessant gewesen zu sein. Ausgrabungen müssen dies aber erst noch bestätigen. Auf den Fundamenten abgerissener

Abb. 5 Schwäbisch Gmünd-Herlikofen. Kapelle „Christus im Kerker" von 1764, vermutlich Standort von WP 12/35 (E. von Kallee, 1886).

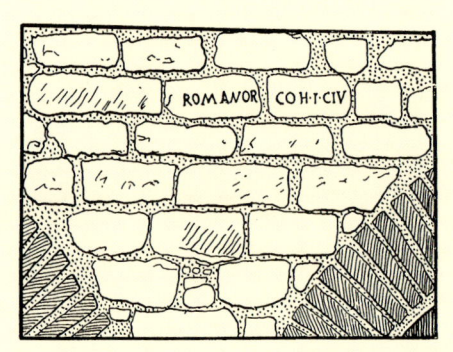

Abb. 6 Seligenstadt. Wie die eingemauerte Inschrift der einst am Ort stationierten Cohors I Civium Romanorum in der Südwand des Mittelschiffs belegt, werden im 9. Jh. zum Bau der Einhardsbasilika auch Steine der Limesbauten verwendet.

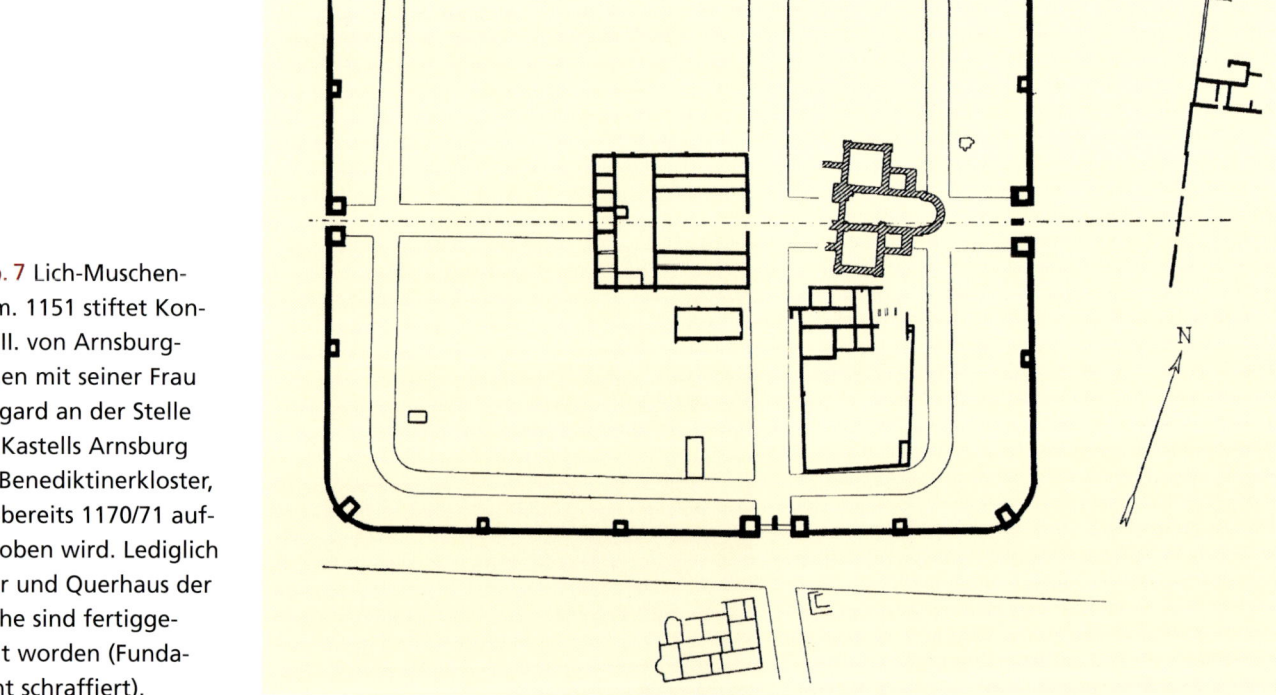

Abb. 7 Lich-Muschenheim. 1151 stiftet Konrad II. von Arnsburg-Hagen mit seiner Frau Luitgard an der Stelle des Kastells Arnsburg ein Benediktinerkloster, das bereits 1170/71 aufgehoben wird. Lediglich Chor und Querhaus der Kirche sind fertiggestellt worden (Fundament schraffiert).

Abb. 8 Kipfenberg-Böhming. Die Kirche St. Johannes d. T., die auf einen Bau aus dem 12. Jh. zurückgeht, liegt etwa 400 m westlich des Ortskerns in der Altmühlniederung. Die Umwehrung des Kastells hebt sich im Schnee deutlich als Erhöhung ab.

Gebäude werden gelegentlich neue Bauten errichtet, beispielsweise die Pfarrkirche von Echzell über dem Bad im Lagerdorf oder vielleicht die Kapellen an den Turmstellen.

Die Limesbauten müssen ferner zur Gewinnung von Steinen für den Straßenbau herhalten. Die Denkmalsubstanz am Kastellplatz Zugmantel erleidet erhebliche Einbußen, als zwischen 1778 und 1780 die nahe gelegene Hühnerstraße, die heutige B 417 von Wiesbaden nach Limburg, ausgebaut wird. Auf jeden Fall werden dabei „wohl an 2000 Karren grober Steine aus der Schanze geholt und zum Straßenbau verwendet".

Am Limes gibt es heute kein hoch aufragendes Mauerwerk aus römischer Zeit mehr.

Abb. 9 Walldürn-Reinhardsachsen. Erasmuskapelle von 1727, vermutlich Standort von WP 7/18.

Abb. 10 Florstadt-Ober-Florstadt. Die Anhöhe über der Nidda bleibt seit der Antike unbesiedelt. Seit 1974 ist dort ein Neubaugebiet entstanden, das einen großen Teil des Lagerdorfs und die Nordostecke des Kastells zerstört hat.

Abb. 11 Pohlheim-Grüningen. Der Aussiedlerhof „Limeshof" am nördlichsten Punkt des Wetteraulimes markiert den Standort des Kleinkastells Hainhaus. Das Luftbild zeigt den Wehrgraben und das Steinfundament des Badegebäudes. Das Kastell ist weitgehend überbaut und zerstört.

2.3 Landschaftsverbrauch

Nach der Auflassung der Truppenstandorte am Limes geraten manche Kastellplätze zur Keimzelle von Städten und Dörfern. Umgehend werden weite Teile der antiken Siedlungsfläche überbaut. Abriss der Gebäude und Bodeneingriffe unterschiedlicher Art (z. B. Unterkellerung) sind die Folge. Meistens aber werden zum Siedeln andere Stellen aufgesucht. Von der Entwicklung dieser Orte bleiben die römischen Bauzonen häufig unberührt. Das galt bis in die erste Hälfte des 20. Jh.

Nach dem Zweiten Weltkrieg erscheint mit dem Phänomen „Wirtschaftswunder" der Bauboom. Große Wohn- und Gewerbegebiete führen zum Ausgreifen der Besiedlung in die Fläche, Aussiedlerhöfe entstehen, Verkehrswege erschließen das Land für die mobile Gesellschaft. Viele Kastellplätze und andere Limesanlagen werden jetzt schnell und großflächig überbaut oder zumindest von der modernen Bebauung erreicht. Schleichende Zerstörungen, etwa beim Bau von Leitungen, Sportstätten und nicht genehmigungspflichtigen Anlagen der Landwirtschaft (z. B. Schuppen, Mieten), kommen hinzu. Ein Beispiel bietet das Umfeld des Aussiedlerhofs „Limeshof" am Wetteraulimes. Dort sind inzwischen die unbebaut gebliebenen Flächen des Kleinkastells Hainhaus fast vollständig mit landwirtschaftlichen Anlagen belegt.

Ein Nachlassen des Siedlungsdrucks ist bislang kaum zu verspüren. Unbebaute Kastellplätze wie Arnsburg oder Halheim sind selten geworden. An solchen Orten finden wir ein noch weitgehend geschlossenes Ensemble untertägiger Denkmale vor.

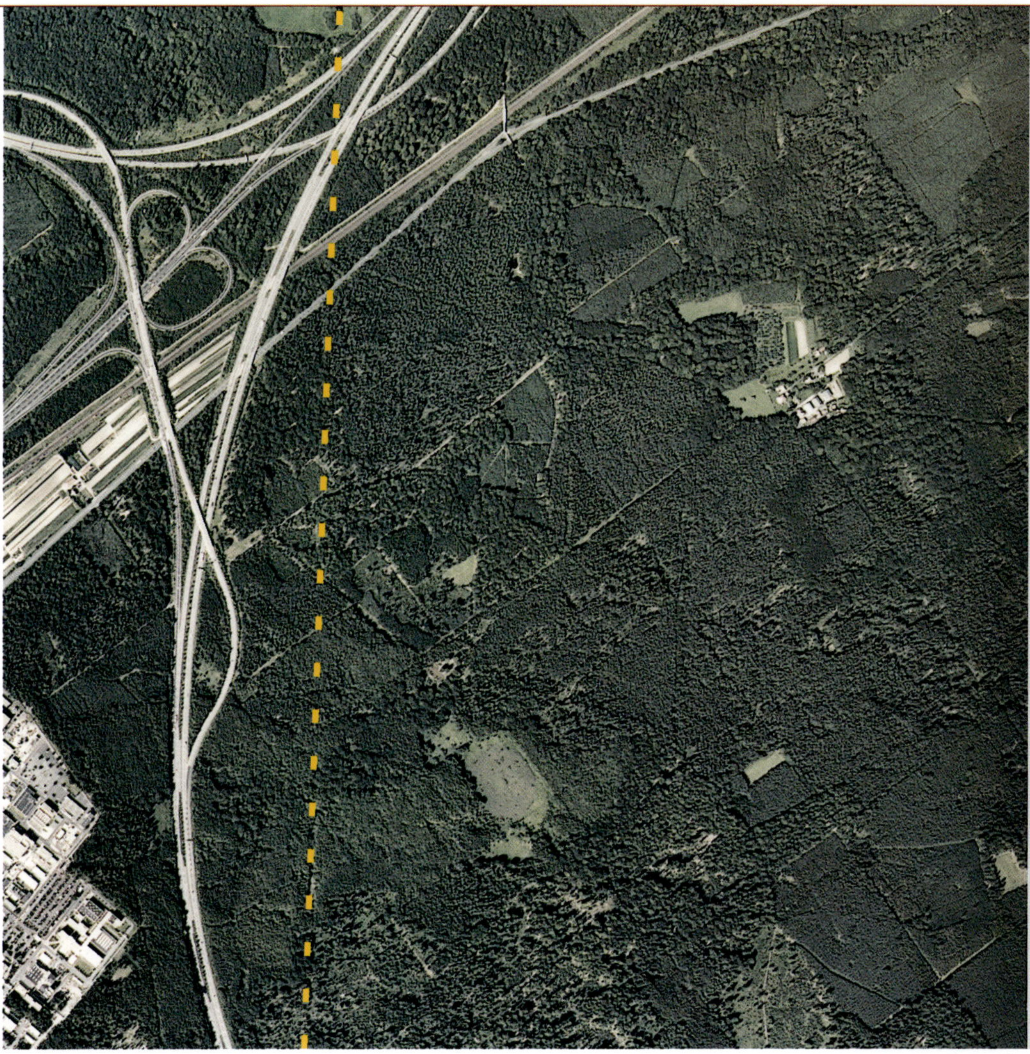

Abb. 12 Hanau-Wolfgang. Beim Bau des Hanauer Kreuzes werden zwischen 1976 und 1978 an mehreren Stellen die Reste der Sperranlagen sowie die Turmstelle WP 5/10 zerstört. Der Verkehrsknotenpunkt von A 45 und A 66 zwischen den Naturschutzgebieten „Rote Lache von Wolfgang" und „Erlensee bei Erlensee" beeinträchtigt außerdem einen ökologisch sensiblen Bereich. Mit dem Verlust von Denkmalsubstanz geht oft wertvoller Lebensraum für Pflanzen, Tiere und Menschen verloren.

Abb. 13 Wölfersheim-Wohnbach. Der Bau der A 45 zwischen Gießen und Hanau schlägt eine Schneise der Verwüstung in die archäologische Fundlandschaft der Wetterau. Im Vordergrund sind Reste eines römischen Gutshofs sichtbar, die 1976 in einer Notgrabung untersucht wurden.

Abb. 14 Der Zerstörungsprozess durch Zerfall, Erosion und Eingriffe des Menschen am Beispiel einer Kastellumwehrung.

Abb. 15 Lich-Muschenheim. Auf dem Luftbild zeichnet sich der Grundriss eines zweiten, bislang unbekannten Badegebäudes im Lagerdorf des Kastells Arnsburg ab. Die undeutlichen Konturen des Steinfundaments belegen erhebliche Zerstörungen durch den Pflug.

2.4 Land- und Forstwirtschaft

Nachdem die Grenzanlagen ihre Bedeutung verloren haben, wird deren Fläche zumeist in die landwirtschaftliche Nutzung einbezogen. Weide- und Wiesenwirtschaft wirken sich schonend auf die Denkmalsubstanz aus. Spuren von Wall und Graben sind beispielsweise in den Wiesen bei Gausmannsweiler nördlich von Welzheim erhalten. Die Beackerung verursacht zwar die Einebnung von Wall, Graben und Schuttwall der Mauer, stellt aber noch in der Mitte des 20. Jh. keine große Gefahr dar. Der Pflug greift nur flach ein und wird bei Steinen angehoben.

Erst die intensive landwirtschaftliche Nutzung der letzten Jahrzehnte führt mit dem Tiefpflügen zur völligen Verwüstung der Bodendenkmale ganzer Kulturlandschaften. Das Gelände eines neu entdeckten Badegebäudes vor der Nordostecke des Kastells Arnsburg zeigt die Symptome. Der Acker ist mit Mauersteinen, Ziegelresten und Estrichbrocken übersät. Zerstörungen gehen auch zulasten der gründlichen Flurbereinigung. Sichtbare Denkmale in offenem Gelände, die früher wegen ihrer Unwegsamkeit von Bewirtschaftung frei blieben, werden nach Planierungsmaßnahmen einer landwirtschaftlichen Nutzung zugeführt.

Die besten Erhaltungsbedingungen bietet der Wald. Reste der Sperranlagen, Türme und Kastelle sind hier allenthalben sichtbar geblieben. Aber die Methoden der Waldwirtschaft haben sich geändert. Der Einsatz schwerer Fahrzeuge bei der Holzernte und der Wiederaufforstung bewirkt große Schäden, die ebenso beim Ausbau von Waldwegen entstehen.

Abb. 16 Schwäbisch-Fränkischer Wald. Tiefe Fahrspuren durch den rücksichtslosen Einsatz schwerer forstwirtschaftlicher Maschinen verursachten gravierende Schäden am Limes.

DER ERHALTUNGSZUSTAND DER LIMESANLAGEN

Von Cliff A. Jost

Für die Vorbereitung des Antrags an die UNESCO, den Limes in das Weltkulturerbe aufzunehmen, waren ab dem Sommer 2000 in den vier Bundesländern Rheinland-Pfalz, Hessen, Baden-Württemberg und Bayern umfassende Geländebegehungen am Limes durchgeführt worden. Mit dieser detaillierten Dokumentation entstand ein Gesamtbild des Zustands des Limes am Beginn des 21. Jh., das in aller Deutlichkeit auch die fortgeschrittene Zerstörung des Bodendenkmals aufzeigt.

Erhaltung der Limeslinie mit Wall, Graben und Mauer

Der Auswertung zugrunde liegt die insgesamt 507 km lange Landgrenze des Limes zwischen Rhein und Donau, ausgenommen ist der 43 km lange Flussabschnitt entlang dem Main. Von der gesamten Limeslinie sind noch 27 %, also knapp ein Drittel, als originale Überreste von Wall, Graben oder Mauer sichtbar erhalten (grünes Segment). Weitere 21% der Limeslinie lassen sich noch anhand moderner Wegtrassen oder Flurgrenzen in der Landschaft ablesen (gelbes Segment). Rund 43 % der Limeslinie sind heute durch Bodenerosion eingeebnet, fast immer bedingt durch die landwirtschaftliche Nutzung (orangefarbenes Segment). Die Spuren des Limes sind aber unterirdisch noch im Boden vorhanden. Etwa 9 % der Limeslinie sind heute vollständig zerstört (schwarzes Segment), wobei mehr als drei Viertel dieser Zerstörungen – 7 % der insgesamt 9 % – erst nach den Untersuchungen der Reichs-Limeskommission (braunrotes Segment, neu zerstört), hauptsächlich nach 1945 erfolgten.

Die Verteilung auf die Bundesländer, lässt erkennen, dass besonders in Rheinland-Pfalz und in Hessen die Reste von Limeswall und Limesgraben in den ausgedehnten Wäldern von Westerwald und Taunus geschützt waren und vielerorts noch sehr gut sichtbar sind. In Baden-Württemberg und Bayern verläuft der Limes dagegen mehr durch offene Acker- und Wiesenflächen. Entsprechend geringer ist hier der prozentuale Anteil an oberirdisch sichtbar erhaltenen Limesab-

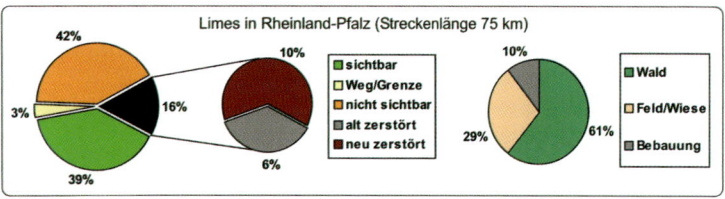

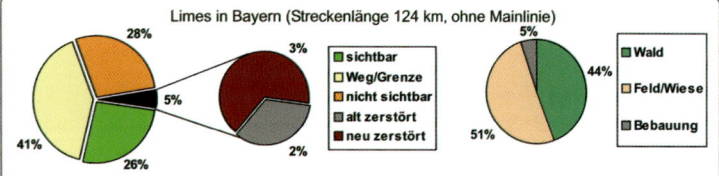

schnitten. Sehr häufig aber markieren noch moderne Feldwege und Parzellengrenzen den geradlinigen Verlauf der ehemaligen Raetischen Mauer, besonders in Bayern.

Je nach Bundesland sind heute zwischen 5 und 16 % der Limeslinie zerstört. Als Hauptursache der Zerstörung ist die Überbauung durch Wohn- oder Gewerbegebiete zu nennen. Der mit 16 % verhältnismäßig hohe Anteil an Zerstörungen des Limes in Rheinland-Pfalz ist durch den regionsspezifischen Abbau von Bodenschätzen wie Kies, Ton und vor allem Bims im Bereich des Neuwieder Beckens zu erklären.

Erhaltung der Wachtposten am Obergermanisch-Raetischen Limes

Insgesamt sind am Obergermanisch-Raetischen Limes 502 Wachtposten bekannt (blauer Balken). Dagegen werden die Standorte von 394 Wachtposten lediglich vermutet (gelber Balken). Es handelt sich hierbei um solche Turmstellen, die weder durch die Grabungen der Reichs-Limeskommission, noch durch spätere Prospektionen aufgefunden werden konnten. Aufgrund der Geländegegebenheiten und der üblichen Abstände der Türme zueinander muss aber an bestimmten Stellen hinter dem Limes der Standort eines Wachtpostens angenommen werden. Von den 502 gesicherten Wachtposten sind heute noch 260 im Gelände sichtbar erhalten (grüner Balken), also etwas mehr als die Hälfte. An den Standorten von 214 Wachtposten sind heute keine oberirdischen Spuren mehr sichtbar (orangefarbener Balken). Ihre Überreste sind aber noch im Boden vorhanden. 28 Wachtposten sind dagegen vollständig zerstört (braunroter Balken).

Bei der Verteilung auf die einzelnen Bundesländer zeigt sich erwartungsgemäß, dass in den Bundesländern Rheinland-Pfalz und Hessen, wo der Limes größtenteils durch Waldgebiete verläuft, auch der Prozentsatz an sichtbaren Turmstellen recht hoch ist. Vor allem in Hessen sind noch mehr als zwei Drittel aller bekannten Turmstellen im Gelände auch erkennbar. In Baden-Württemberg und Bayern gibt es im

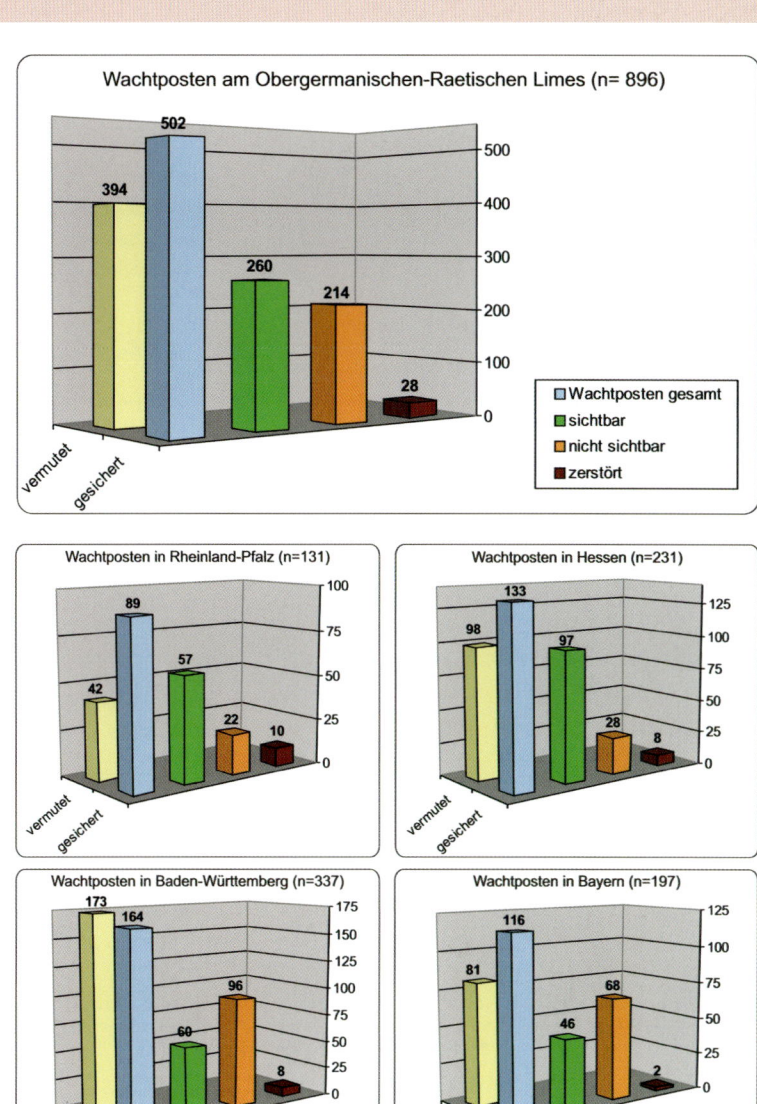

Gegensatz dazu deutlich mehr Wachtposten, von denen heute keine oberirdischen Spuren mehr vorhanden sind. In Baden-Württemberg an der längsten Limesstrecke ist auch die Zahl der sicher nachgewiesenen Wachtposten und die der vermuteten Turmstellen am größten. Die meisten Zerstörungen, nämlich zehn Turmstellen, sind in Rheinland-Pfalz anzutreffen, was hier mit dem Bimsabbau in der Region des Neuwieder Beckens zusammenhängt.

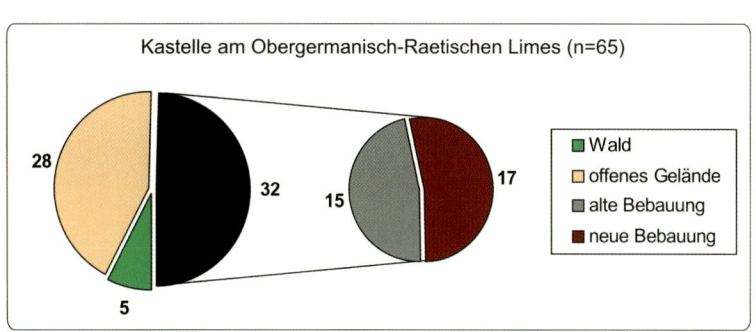
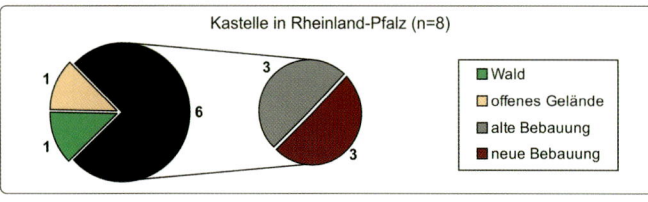
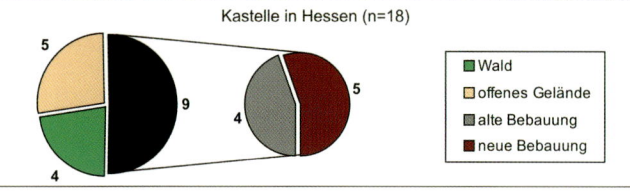
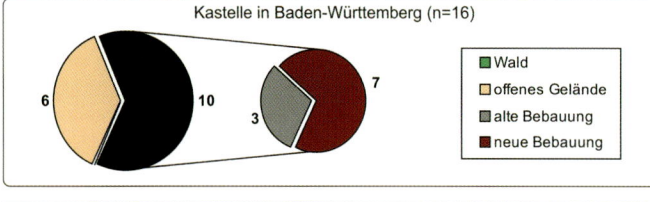
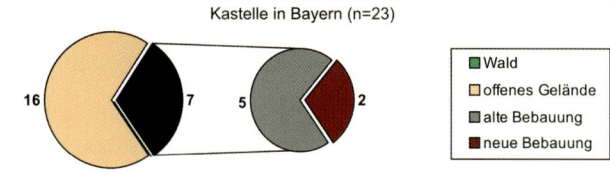

Erhaltung der Kastelle am Obergermanisch-Raetischen Limes aufgrund der Geländenutzung

Der Auswertung zugrunde liegen insgesamt 65 Numerus-, Kohorten- und Alenkastelle am Obergermanisch-Raetischen Limes. Nicht berücksichtigt sind die rund 70 Kleinkastelle, die sich dicht hinter der Limeslinie befinden und somit einen mit den Wachtposten vergleichbaren Erhaltungszustand aufweisen. Im Diagramm ist die heutige Geländenutzung der jeweiligen Kastellstandorte dargestellt, die wiederum Rückschlüsse auf den Erhaltungsgrad der Kastelle erlaubt.

Mit Blick auf die Kastelle wird besonders deutlich, wie stark die Substanz des Limes und seiner Bauten seit den Untersuchungen durch die Reichs-Limeskommission gelitten hat. Zu den Gründen zählen zunächst vor allem in den 60er- und 70er-Jahren des 20. Jh. der Neubau von Wohn- und Gewerbegebieten, der Bau von Straßen, die Förderung von Bodenschätzen, daneben aber auch die Einebnungen infolge der modernen landwirtschaftlichen Nutzung. Gute Erhaltungsbedingungen boten lediglich die Waldgebiete. Von den 65 für den UNESCO-Antrag berücksichtigten Kastellen liegen heute noch fünf im Wald und sind damit mehr oder weniger ungestört erhalten. Alle diese Kastelle befinden sich im Taunus, vier in Hessen, eins in Rheinland-Pfalz. 28 Kastelle, die meisten davon in Bayern, liegen heute im offenen Gelände, also im Bereich landwirtschaftlich genutzter Flächen. Hier sind aber unterirdisch noch aufschlussreiche archäologische Befunde vorhanden. Größtenteils überbaut ist heute etwa die Hälfte aller Kastelle, nämlich 32. Von diesen weisen 15 eine überwiegend alte Bebauung auf, häufig schon seit dem Mittelalter. 17 Kastelle sind aber erst in der Zeit nach den Untersuchungen der Reichs-Limeskommission, hauptsächlich in der Nachkriegszeit ab 1945, überbaut worden. Spuren dieser Kastelle findet man, wenn überhaupt, nur noch unter den Straßen und den Gartenflächen zwischen den Häusern.

Abb. 17 Polizeioberkommissar Eckhard Laufer, Kontaktbeamter für Raubgrabungsdelikte beim Hessischen Landeskriminalamt, mit beschlagnahmten Metalldetektoren illegaler Schatzsucher.

2.5 Raubgrabungen

Ausgrabungen und Suchaktionen mit dem Metalldetektor müssen gemäß den heutigen Denkmalschutzgesetzen der Bundesländer durch die Denkmalfachbehörde genehmigt werden. Zuwiderhandlungen sind gesetzeswidrig und strafbar, die handelnden Personen Raubgräber.

Sofern die Limesanlagen nicht überbaut sind und deren Lage bekannt ist, werden sie von Raubgräbern heimgesucht. Ihnen geht es nicht um wissenschaftliche Erkenntnisse. Einzeln oder in Gruppen suchen sie nach aufsehenerregenden Funden. Das ist nicht neu. Am Kastellplatz Alteburg-Heftrich wurde wohl schon im 18. Jh. „mithilfe des Erdspiegels (!) auf eine tolle Art öffentlich nach Gold gegraben". Inzwischen ist daraus eine boomende Freizeitbeschäftigung geworden, die enorme Schäden anrichtet. Umfangreiche Raubgrabungen auf dem Areal des Kleinkastells Holzheimer Unterwald südlich von Gießen zwangen das Landesamt für Denkmalpflege Hessen in den Jahren 1988 bis 1991 zum Handeln. Vor der endgültigen Zerstörung wurde das letzte Mittel zur Sicherung des verbliebenen Denkmalbestandes als Erkenntnisquelle eingesetzt: die wissenschaftliche Ausgrabung.

Rechtliche Maßnahmen gegen Raubgräber bleiben selten und sind in ihrer Bedeutung wirkungslos. Der Tatbestand gilt weithin als Kavaliersdelikt.

2.6 Sagen am Limes

Die sichtbaren Reste der Limesanlagen haben die Fantasie der Menschen immer wieder beflügelt. Der Volksmund hat Erklärungen für deren Entstehungsgeschichte parat und macht die Ruinen und ihre Umgebung zum Schauplatz allerlei sonderbarer Vorkommnisse. Auf diese Weise sind Sagen entstanden, die eindrucksvoll von der Beschäftigung mit dem Limes jenseits rational-wissenschaftlicher Betrachtung Zeugnis ablegen.

Abb. 18 Bad Homburg v. d. Höhe. Der Innenhof des rekonstruierten Stabsgebäudes im Kastell Saalburg.

Abb. 19 Holzhausen a. d. Haide. Blick über die Apsis des Fahnenheiligtums zum rückwärtigen Kastelltor.

Der Pfahlgraben und die Saalburg

Der Pfahlgraben zieht durch die ganze Welt und ist ein so großes Werk, dass Menschenhände ihn nicht zustande hätten bringen können, wenn der Teufel nicht beim Bauen geholfen hätte. Nahe bei dem Pfahlgraben liegt die Saalburg. Da steigt alle 100 Jahre aus der Tiefe ein goldener Sarg herauf, ein Heidenkönig liegt darin begraben. Wenn man das Glück hat und gerade zu der Stunde kommt, muss man ein weißes Tuch über den Sarg breiten oder ein Krümchen Brot darauf legen, dann kann er nicht wieder in die Erde zurücksinken.

Einmal hat ein Hirte ihn gesehen, der dort seine Herde weidete. Der Sarg stand auf einem freien Platz, der sonst gar nie war. Auf dem Deckel lagen ein Helm und ein Schwert von Gold. Der Hirte stand einen Augenblick und staunte das Wunder an, dann aber wurde ihm so angst, dass er ins Dorf lief und es erzählte. Viele Leute gingen nun mit ihm zu der Stelle, aber da war kein Sarg mehr zu sehen.

(nach W. Heun/H. Obermann [Hrsg.], Hessisches Sagenbuch [Marburg/Braunschweig/Darmstadt 1967] 118).

Vom Römerkastell Holzhausen

Im römischen Heere dienten viele Germanen. Einer derselben, dessen Eltern in Gemmerich gewohnt haben sollen, erbat sich von seinem Oberst Urlaub für drei Tage, weil sein Vater im Sterben lag. Da sehr viele Desertionen vorkamen, bewilligte zwar der Oberst den Urlaub, drohte aber, dass er mit dem Tode bestraft würde, wenn er nicht rechtzeitig zurückkehre. Die drei Tage gingen vorüber, ohne dass in dem Zustande seines Vaters eine Änderung eintrat. Man sah nur, dass der Schwächezustand schlimmer wurde und spätestens in der folgenden Nacht der Tod zu erwarten sei. Auf Bitten seiner Schwester überschritt der Soldat seinen Urlaub. Gerade als er aus dem Gehöft trat, um in das Kastell zurückzukehren, kamen römische Häscher und nahmen ihn fest. Vergebens schilderte er dem Oberst den Grund der Urlaubsüberschreitung. Derselbe war unerbittlich und ließ ihn enthaupten. Kurze Zeit darauf wurde der Oberst nach Heppenheim versetzt. Inzwischen drangen die Alemannen vor und überrannten den Pfahlgraben. Der Oberst wurde gefangen genommen. Seine Tat erfuhren die Germanen. Diese führten ihn nach dem Römerkastell Holzhausen und enthaupteten ihn an derselben Stelle, wo er den Soldaten hatte töten lassen. Seine Leiche begruben sie in unmittelbarer Nähe des Kastells. Ein Hünengrab, das sich dort findet, bezeichnet man als Begräbnisstätte. Um Mitternacht wandert nun der Sage nach der Oberst mit seinem Kopf in den Händen um das Kastell.

(nach W. Orth in: Der Unter-Taunus. Heimat-Jahrbuch Untertaunus-Kreis 1953, 117).

Die weiße Gestalt am Römerbrunnen

Es war vor nicht ganz 2000 Jahren. Die Römer hatten die Länder an der Donau besetzt und waren weit in das germanische Gebiet eingedrungen. Sie errichteten einen Schutzwall, den Limes, der von der Donau bis zum Rhein reichte und bauten befestigte Heerlager, sogenannte Kastelle. Ein solches Römerlager befand sich dort, wo heute Weißenburg liegt.

Ringsum auf den Höhen war der Wald so dicht, dass kaum ein Sonnenstrahl durch die Baumkronen drang. Hier hatten sich die Germanen vor den siegreichen Römern zurückgezogen.

Eines Tages erhielt eine römische Kohorte den Auftrag, die bewaldeten Anhöhen rings um das Kastell nach Germanen abzusuchen. „Seht nach, wie weit sich die Barbaren zurückgezogen haben!", lautete ihr Auftrag. Der Anführer erstieg mit seinen Leuten eine bewaldete Kuppe, von der aus er eine gute Fernsicht hatte: Ein Meer von Baumkronen auf allen Seiten und nur ein paar Lichtungen dazwischen. „Dort drüben! Dort auf der nächsten Lichtung sind Germanen! Die holen wir uns!" Es war die Nachhut der germanischen Flüchtlinge, die gerade eine Rast eingelegt hatten. Sogleich drangen die Römer in das Dickicht ein und schlichen sich an den Lagerplatz heran. Aber zu spät! Der Platz war leer, war verlassen. Waren die Flüchtlinge zufällig aufgebrochen? Oder hatte ihr Späher die vordringenden Römer rechtzeitig bemerkt? Sie verfolgen? Das traute sich der junge Anführer nicht zu. Das war zu gefährlich. Wie leicht konnte man sich in diesem Wald verirren oder in die Falle geraten! Also zurück ins Lager! Doch plötzlich entdeckten die Römer zwei Germanen unter einer alten Eiche: einen Greis, der offenbar zu schwach zur Flucht war, und ein junges Mädchen, das bei ihm stand. Die Römer stürzten mit wildem Geschrei auf die beiden los und töteten den alten Mann. Das Mädchen aber hatte den kurzen Speer zum Wurf erhoben und wollte ihn dem nächsten Angreifer in die Brust stoßen. Da zögerten die Soldaten. Sie wussten: Dieser Speer ist tödlich! Nur der junge Anführer drang weiter vor: „Die hole ich mir! Sie soll meine Beute, meine Sklavin sein!" Das Mädchen erkannte die Gefahr, sprang hinter die Eiche und stürmte auf das Dickicht zu. Der Römer stürzte hinter ihr her. Der Vorsprung, den das Mädchen zunächst hatte, wurde immer kleiner. Da stolperte es auch noch über eine Wurzel. Es konnte zwar gleich wieder aufspringen, doch der Verfolger war schon zu nahe. Das Mädchen holte zum Wurf aus. Der Römer war schneller und stieß ihr sein Schwert in die Brust. Lautlos brach das Mädchen zusammen.

Abb. 20 Weißenburg i. Bay. Der Römerbrunnen im Ludwigswald südöstlich der Stadt.

Abb. 21 Walter Kröll, Römischer Steinkeller im Lagerdorf des Kastells Butzbach, 1954. Aquarell, 56 x 40,5 cm. Besitz Landesamt für Denkmalpflege Hessen, Abt. Archäologische und Paläontologische Denkmalpflege.

Eigentlich hatte er es ja nur fangen, nicht aber töten wollen. Und deshalb schien er auch traurig zu sein. Er hob ein Grab aus und legte das Mädchen hinein. Dann wollte er zu seinen Soldaten zurück. Doch er fand den Weg nicht mehr. Während der Verfolgung hatte er nicht auf die Richtung geachtet und sich immer mehr von seinen Leuten entfernt. Und jetzt irrte er im dunklen Wald umher. Da stieß er auf eine Quelle. Das frische klare Wasser löschte seinen Durst und kühlte seine Wunden, die ihm die Dornen zugefügt hatten. Er ging dem Lauf des Bächleins nach, das aus der Quelle strömte, traf auf seine Leute und kehrte ins Kastell zurück. Dort meldete er den Vorfall und beschrieb den günstigen Lagerplatz auf der Anhöhe. Die Römer bauten diesen Platz zu einem Stützpunkt aus und fassten die Quelle zu einem Brunnen. Und diesen Brunnen gibt es heute noch. Er wird von allen „Römerbrunnen" genannt. Die römischen Wachen und Posten aber sahen oft in der Nacht bei ihrem Lager auf der Anhöhe eine weiße Gestalt. Sie bewegte sich hin und her, als ob sie etwas suchen wollte. Es war das germanische Mädchen, das seinen toten Vater noch immer nicht gefunden hatte.

(nach A. Kriegelstein, Sagen, Legenden, Geschichten aus Mittelfranken. Mittelfränkische Heimatkunde 1 [München, Bad Windsheim 1983] 231–233, Nr. 222).

2.7 Arkadien am Limes

Die griechischen und römischen Ruinen in den Mittelmeerländern gehören seit der Renaissance zum klassischen Motivrepertoire abendländischer Kunst. Die Monumentalität der antiken Überreste in erhabener Land-

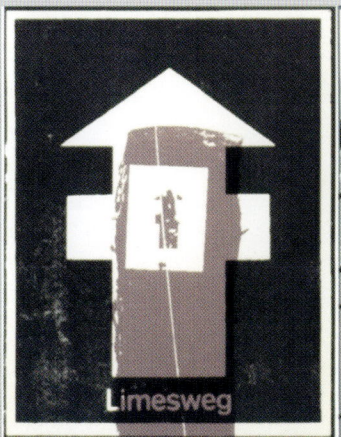

Abb. 22 Sachi B. Tschakert, Limes cum tempore, 2000. Siebdruck, 38 x 48 cm (Papierformat 50 x 70 cm)

schaft oder an charismatischer Stätte haben Maler und Grafiker immer wieder herausgefordert, etwa Giovanni Battista Piranesi mit seinen stadtrömischen Veduten oder Carl Rottmann, der Griechenland für uns wieder entdeckt hat.

Die Reste der Limesbauten hierzulande können als Motiv nicht konkurrieren. Es gibt kein hoch aufragendes Mauerwerk, das zur Darstellung hätte Anreiz geben können. Dabei hätte es an pittoresker Architektur in ansprechender Landschaft sicher nicht gefehlt. In nachrömischer Zeit aber sind die Steine abgetragen und wieder verwendet worden. Trotzdem hat der Limes in Gemälden und Grafiken immer wieder Niederschlag gefunden, bezeichnenderweise dann, wenn Mauerwerk durch Ausgrabung oder Rekonstruktion sichtbar geworden ist. Bei der Sichtung des überlieferten Bestandes dürfen wir die Grenze zwischen rein dokumentarischen und künstlerischen Arbeiten nicht zu eng ziehen.

In den Monumenten entdecken die Künstler auf ihre Art die antike Kultur und den Süden, am Mittelmeer oder vor der eigenen Haustür. Das gilt auch für Walter Kröll (1911 – 1976), der zu den bedeutendsten hessischen Künstlern gehört und in der Limesforschung kein Unbekannter ist. Kröll lebte von 1949 bis 1965 in Kloster Arnsburg bei Lich. Unweit seines Wohnortes findet er 1952 einen über 50 m langen, noch sichtbaren Abschnitt der Sperranlagen des Limes mit Wall und Graben. Seine Entdeckung veröffentlicht er im angesehenen Saalburg-Jahrbuch zusammen mit H. Schönberger, dem Direktor des Saalburgmuseums. Es passt ins Bild, dass ihn die von 1953 bis 1956 währenden Ausgrabungen im Lagerdorf des Kastells Butzbach zu einem vorzüglichen Aquarell inspirieren.

Eine ganz andere Richtung vertritt Sachi B. Tschakert. Die 1974 geborene Künstlerin, die Bildende Kunst und Lateinische Philologie studiert hat, machte den Limes zum Gegenstand eines Experiments. Ausgehend von der Geschwindigkeit unserer Fortbewegung im Alltag und den damit verbundenen, von Hast geprägten Sehgewohnheiten, wollte sie Wahrnehmung und Erinnerung auf der Grundlage von Verlangsamung der Fortbewegung und Entschleunigung des Sehens prüfen. Zu diesem Zweck unternahm Tschakert im Jahr 1999 einen Ritt am Limes zwischen Rhein und Main. Unter dem Motto „Limes cum tempore" dokumentierte sie dann ihre Erinnerungen in Gestalt von

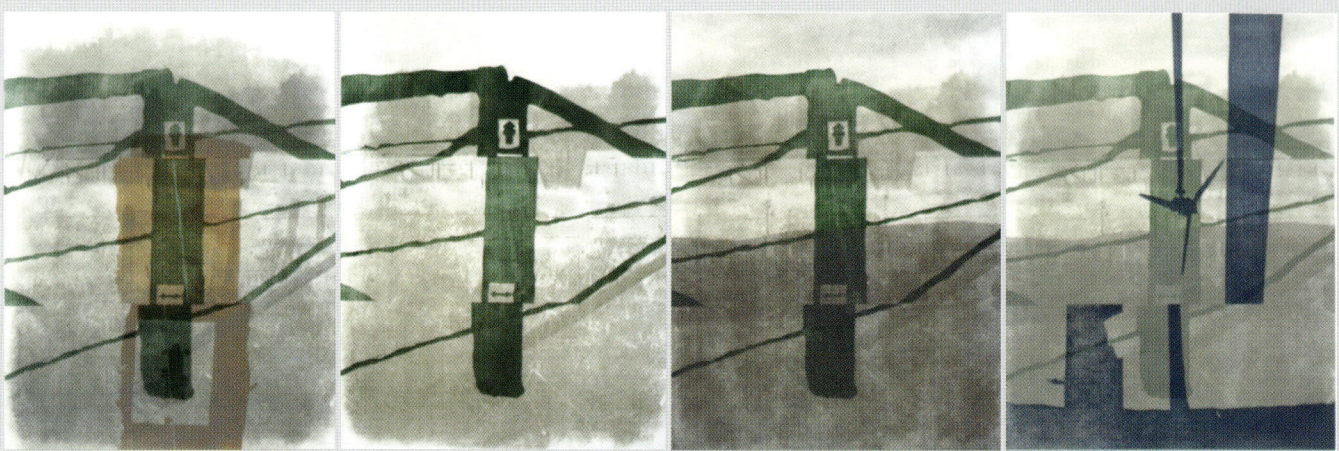

Abb. 23 Sachi B. Tschakert, Limes cum tempore, 2000. Mischtechnik (Sieb- und Holzdruck), 38 x 48 cm (Papierformat 50 x 70 cm)

Druckgrafiken. Die Reihung ihrer Arbeiten zeigt die Auflösung und Formierung der Motive zu immer neuen Bildern. Sie zeugen von der Ausschnitthaftigkeit, aber auch der Intensität der Wahrnehmung, so denn unsere Fortbewegung wieder auf ein menschliches Maß gebracht wird.

2.8 Heraldik und Limes

Städte, Märkte und Gemeinden führen wie andere Gebietskörperschaften Wappen als Hoheitszeichen. Heute treten allerdings vielerorts Logos an die Stelle der Wappen, die damit aus dem Blick und zunehmend in Vergessenheit geraten. Es ist kaum bekannt, dass zahlreiche Anrainer der antiken Grenze nach dem Zweiten Weltkrieg Wappen mit Limesmotiven eingeführt haben. Als sogenannte „Gemeine Figuren", mit denen die Heraldik die Darstellungselemente des Wappenschildes bezeichnet, erscheinen unterschiedliche Elemente: Wachturm mit Palisade (1 – 3), Wachturm (4 – 9), Palisade (10 – 15) und Raetische Mauer (16), Kastellarchitektur (17 – 20), Helme (21 – 22) und einer der Pfeiler, die der bayerische König Maximilian II. (1811 – 1864) im Jahre 1861 in seinem Reich am Limes aufstellen ließ (23).

Die Realitätsferne der Darstellungen darf nicht stören. Wie in der Wappenkunst üblich, werden die „Gemeinen Figuren" nicht naturgetreu, sondern symbolisch vereinfacht wiedergegeben. Aus diesem Grund spielt auch die natürliche Farbe der Motive keine Rolle. In einem Fall ist der Limes Teil des „Heroldsbildes", also der linearen Gestaltung des Wappenschildes, geworden: Ein goldener Balken symbolisiert die Limeslinie, die durch das Gebiet der Gemeinde Mönchsroth führt (24). Neben dem Limes wurden übrigens noch andere Bodendenkmale bei der Gestaltung zahlreicher Wappen berücksichtigt. Als Schildzier finden sich vorwiegend im norddeutschen Raum Wiedergaben von Großsteingräbern, die der jungsteinzeitlichen Megalithkultur angehören.

Die Darstellungen im Wappenschild nehmen stets Bezug auf die lokale Geschichte und auf örtliche Gegebenheiten, sind also ortstypisch. In der Wahl der Limesmotive zeigt sich die große Bedeutung, die dem Limes schon lange vor seiner Anerkennung als Welterbe für die Historie vieler Orte und als gemeinsamer, Identität stiftender Bezugspunkt beigemessen wird.

1. Pohl

2. Idstein-Eschenhahn

3. Pfahlheim

4. Kemmenau

5. Obertiefenbach

6. Pohlheim

7. Limeshain

8. Großerlach

9. Burgsalach

10. Hunzel

11. Alfdorf

12. Pfahlbronn

13. Ehingen

14. Frickenfelden

15. Pfofeld

16. Markt Titting

17. Neuwied

18. Niederbieber-Segendorf

19. Großkrotzenburg

20. Niedernberg

21. Heidenrod-Huppert

22. Stockstadt a. M.

23. Denkendorf

24. Mönchsroth

3. DER SCHUTZ DES LIMES

THIEL · DER SCHUTZ DES LIMES 45

Von Andreas Thiel

Abb. 1 Wie hier am Raetischen Limes ist – trotz guter Erhaltung – der archäologisch sensible Denkmalbereich für den Unkundigen häufig nicht kenntlich. Jede Form der Nutzung dieses Geländes kann aber zu Gefährdungen der Bodenzeugnisse führen. Sie sollte daher sorgfältig geplant und rücksichtsvoll ausgeführt werden.

3.1 Verantwortung der Anrainer

Wie bei allen Kulturgütern ist auch beim Limes jeglicher Schutz auf die Bereitschaft der Beteiligten angewiesen. In der Verantwortung der Anrainer ruht die Abwägung zwischen den wirtschaftlichen oder verkehrstechnischen Vorteilen eines Planungsvorhabens und seinen Nachteilen für betroffene Denkmale. Sensibilität ist gefordert, aber gleichzeitig auch die Wahrung der Interessen derer, die vor Ort leben und arbeiten.

Der Schutz eines so ausgedehnten Objektes wie dem Limes kann keine „Käseglocke" sein. Dafür ist sein Verlauf zu stark eingebunden in das Siedlungsgefüge der heutigen Kulturlandschaft und damit untrennbarer Teil ihrer beständigen Fortentwicklung geworden.

Häufig sehen Kommunen und Kreise die Betreuung des Limes jedoch eher als Verpflichtung und weniger als Chance. Die Ansprüche an Landschaftsplaner, Sachverständige und Bauherren, negative Beeinträchtigungen an Bodendenkmalen auszuschließen, sind generell hoch. Aber bei jedem Eingriff in den Limes oder die ihn unmittelbar umgebende Landschaft sind zuerst Lösungen anzustreben, die der Rolle oder der Erfahrbarkeit nicht schaden, die dem Limes innerhalb seiner Umgebung heute noch zukommt. Je hochkarätiger das Denkmal einzustufen ist, desto mehr Rück-

Abb. 2 Alltag in der Bodendenkmalpflege: Dem öffentlichen Interesse nach Erhalt eines Kulturdenkmals steht ein anderes Interesse, hier eine Industriensiedlung, entgegen. Erst wenn alle Möglichkeiten für seinen Schutz erschöpft sind, darf ein archäologisch wertvoller Platz aufgegeben werden; zuvor muss eine Rettungsgrabung stattfinden, die das Denkmal zumindest als Dokumentation für die Nachwelt bewahrt.

sichtnahme ist geboten. Das kann soweit gehen, zunächst auch wirtschaftliche Nachteile in Kauf zu nehmen, um das archäologische Potenzial eines Platzes zu erhalten. Denn auch die Substanz eines Bodendenkmals ist langfristig Faktor einer gesamtwirtschaftlichen Kostenrechnung.

3.2 Aufgabe der Bodendenkmalpflege

Generelle Prämisse der archäologischen Denkmalpflege ist heute der Bestandsschutz, unterstützt durch ausgewählte Forschungsvorhaben. Ausgrabungen sind nur als letztes „Rettungs"-Mittel anzuwenden, wenn die Zerstörung eines Objektes durch anderweitige Ursachen bereits unvermeidbar ist. Ziel ist dann die Bewahrung in Form einer sachgerechten Bergung der Funde sowie der wissenschaftlichen Dokumentation ihres historischen Kontextes. Der unwiederbringliche Verlust eines Bodendenkmals ist nur dann zu rechtfertigen, wenn eine Ausgrabung ein möglichst hohes Niveau der Untersuchung gewährleistet und beste Qualität der erzielbaren Ergebnisse sicherstellen kann.

Wesentlich stärkeres Augenmerk hat die Denkmalpflege tagtäglich auf die Einhaltung der bestehenden gesetzlichen, vertraglichen oder traditionellen Schutzmechanismen zu richten. Der Limes ist bereits heute als Bodendenkmal geschützt, an zahlreichen Orten kommen Kooperationen mit öffentlichen oder privaten Institutionen hinzu. Beratung der Eigentümer und frühzeitige Beteiligung an Planungsverfahren spielen daher eine ungleich größere Rolle für die Abwehr möglicher Gefährdungen.

48 DER LIMES ALS UNESCO-WELTERBE

Abb. 3 Schöntal. Wo heute die Autobahn A 81 den antiken Grenzverlauf quert, wurde im Zuge einer Rettungsgrabung 1970 einer der wenigen bekannten Übergänge über den Limes ausgegraben.

3.3 Moderne Untersuchungsmethoden

Aus streng wissenschaftlicher Sicht finden Ausgrabungen stets zu früh statt. Unabhängig, wie spektakulär die in der Vergangenheit erzielten Ergebnisse waren, stets bleibt die Frage, welchen Erkenntnisgewinn eine Untersuchung nach modernsten archäologischen Standards hätte erbringen können, welche Möglichkeiten zukünftig zur Verfügung stehen werden, wenn sich die technischen Voraussetzungen weiter verbessert haben.

Um offene Fragen der Limesforschung zu lösen, reichen bereits heute sehr häufig gezielte Untersuchungen kleiner Bereiche aus. Zunehmenden Einsatz erfahren aber auch Methoden, mit deren Hilfe ein Bodendenkmal ohne jeglichen Bodeneingriff zerstörungsfrei untersucht werden kann. Bekannte Beispiele sind Luftbildarchäologie und Geophysik. Bewahren archäologischer Reservate für künftige Forschungen mit verbesserten Erkenntnismöglichkeiten ist die Devise.

Abb. 4 Ruffenhofen, Lkr. Ansbach. Die geophysikalische Prospektion macht im Erdreich liegende Strukturen, wie Mauerzüge und Gräben, sichtbar, ohne in den Boden einzugreifen. Das Bild zeigt das Kastell mit vier umlaufenden Wehrgräben als dunkle Linien. Die Fundamentmauern römischer Gebäude fallen als helle Rechtecke auf.

3.4 Das Limesinventar

Eine genaue Vermessung und Darstellung des Limes ist die Basis, auf der alle künftigen Aktivitäten aufbauen. Daher wurde ein vollständiges Inventar der römischen Grenzanlagen erstellt. Mitarbeiter der Landesämter für Denkmalpflege waren hierfür zunächst viele Monate entlang der Limesstrecke unterwegs. Ihre Tätigkeit bestand in einer Beschreibung aller oberirdisch oder unterirdisch erhaltenen Zeugnisse, aber auch der Einsichtnahme in relevante Planungsakten. Grundlage aller Arbeiten bildete zunächst die 100 Jahre alte, nach wie vor mustergültige Dokumentation durch die Reichs-Limeskommission. Sie wurde nun ergänzt durch die Ergebnisse der neuen Limesbegehung, die verbesserte Kartenwerke, eine aktuelle Fotodokumentation und die Wiedergabe der heutigen Flächennutzung umfasst. Fachkartierung und Beschreibung flossen in eine Datenbank ein, die mithilfe moderner Geoinformationssysteme dem Fachmann einen raschen Zugriff auf alle Einzelbestandteile des Limes erlaubt.

Dieses Inventar wird durch weitere Untersuchungen kontinuierlich ausgebaut. In diesem Zusammenhang ist besonders die archäologisch-topografische Feinaufnahme hervorzuheben, die in Form von Geländemessungen oder aus der Luft mittels Laserscanning (Stichwort LIDAR) durchgeführt werden kann.

Abb. 5 Einmessung des Limes im Gelände. Die hierbei gewonnenen Daten werden mit den Angaben der Reichs-Limeskommission verglichen und bilden das Grundgerüst einer aktuellen Darstellung im Maßstab 1:10000.

DIE VERMESSUNG DES LIMES IN BADEN-WÜRTTEMBERG

Von Dieter Müller

Abb. 6 Topografische Aufnahme mithilfe eines elektronischen Tachymeters im Rahmen einer Vermessungsübung der Hochschule für Technik Stuttgart.

Seit über zwei Jahrzehnten beschäftig sich beim Landesamt für Denkmalpflege in Baden-Württemberg eine Arbeitsgruppe damit, die im Gelände noch sichtbaren archäologischen Denkmale topografisch zu vermessen, kartografisch darzustellen und zu beschreiben. Neben vor- und frühgeschichtlichen Befestigungsanlagen, Grabhügeln, keltischen Viereckschanzen, Burgstellen, Altstraßen, um nur einige der Denkmalgattungen zu nennen, wird auch der Limes aufgenommen. Die Objekte werden generell im Maßstab 1:500 erfasst und im Maßstab 1:1000 publiziert, die Höhenverhältnisse durch Höhenlinien mit einer Äquidistanz von 1 m veranschaulicht.

Der Sinn der Aufnahme archäologischer Geländedenkmale, und damit auch des Limes, liegt in der Dokumentation dieser Kulturdenkmale von oft herausragender Bedeutung, die Grundlage ist für Schutz und Erforschung. Beim Limes kommt noch hinzu, dass durch die Aufnahme des gut 80 km langen geradlinig verlaufenden Abschnitts, der südlich von Walldürn beginnt und nördlich von Lorch beim Haghof endet, der Versuch unternommen werden soll, die Absteckungsmethode der römischen Ingenieure zu ergründen. Die Absteckung einer so langen Geraden über Berg und Tal und durch dichten Wald war in römischer Zeit ein schwieriges Unterfangen, und auch heute noch wäre diese Arbeit in organisatorischer und in technischer Hinsicht eine Herausforderung. Den damaligen Vermessungsleuten gelang ihr Vorhaben jedoch meisterhaft.

Im Jahr 1997 wurde die Aufnahme des Obergermanisch-Raetischen Limes mit der Vermessung eines 1,7 km langen Abschnitts südlich von Mainhardt begonnen. Inzwischen sind insgesamt 1,3 km des Raetischen Limes aufgenommen worden und etwa 9 km der 80 km-Geraden im obergermanischen Bereich, das sind etwa 75 % des in dieser Geraden erhaltenen und noch sichtbaren Bestands.

Bei der topografischen Vermessung wird nicht nur der Limes selbst in seinem heutigen Erhaltungszustand mit den noch sichtbaren Wachttürmen, Kastellen und Kleinkastellen dokumentiert, sondern innerhalb eines 250 m breiten Geländestreifens werden neben den Höhenverhältnissen auch Bauwerke und Geländeformen aus neuerer Zeit eingemessen, wie z. B. Straßen und Wege, Gebäude, Materialgruben, Aufschüttungen, Grenzgräben und Altäcker. Die Aufnahme des relativ breiten Streifens soll einen Bezug zu den heutigen Geländeverhältnissen herstellen und den morphologischen Verlauf des Limes deutlich machen: Einerseits das Eingehen auf das Gelände durch Umgehen von Tälern und Aufsuchen von Wasserscheiden, andererseits das rücksichtslose Zerschneiden der Landschaft durch den geradlinig abgesteckten Limesabschnitt.

Die Vermessungsarbeiten sind der Hochschule für Technik Stuttgart zu verdanken, die sie im Rahmen von 14-tägigen Vermessungsübungen und von Diplomarbeiten ausführt. Die archäologisch-topografische Betreuung liegt beim Landesamt für Denkmalpflege. Abschließend dokumentiert wird die Limesaufnahme in der Publikationsreihe des Landesamtes „Atlas archäologischer Geländedenkmäler in Baden-Württemberg" Band 3 Römerzeitliche Geländedenkmäler.

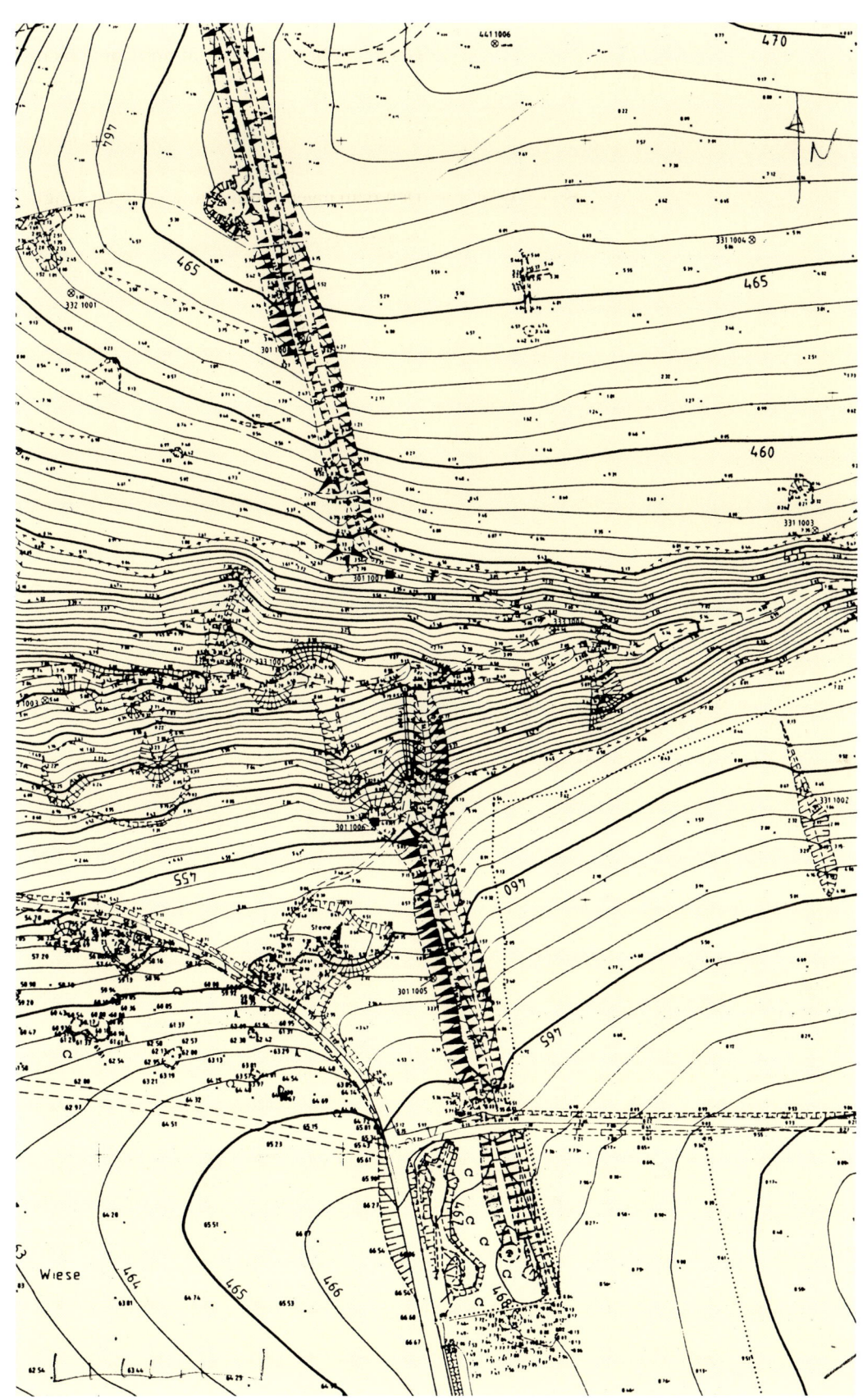

Abb. 7 Der Obergermanische Limes nördlich von Mainhardt, Lkr. Schwäbisch Hall, quert einen schluchtartig eingetieften Wasserlauf. Am oberen Bildrand WP 9/63. (Ausschnitt aus topografischer Aufnahme der FH Stuttgart, WS 2000/01).

52 DER LIMES ALS UNESCO-WELTERBE

Abb. 8a, 8b, 8c
Verschiedene kartografische Darstellungen des Welterbes aus der Limesdatenbank. Neben dem antiken Grenzverlauf, den einzelnen Turmstellen und Kastellen, wird die Ausdehnung der Welterbezone (blau) und der Pufferzone (violett) in frei wählbarem Maßstab parzellengenau angezeigt.

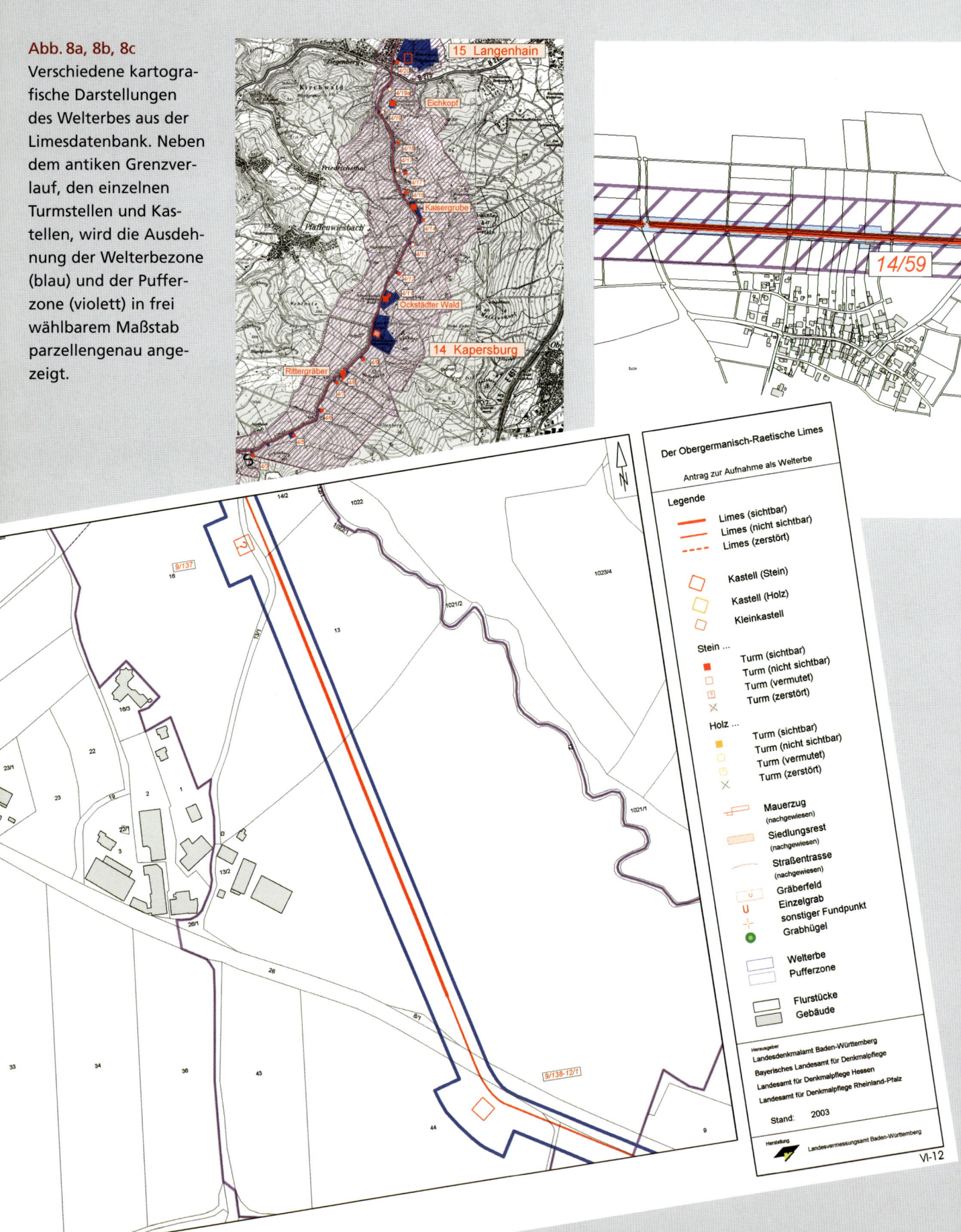

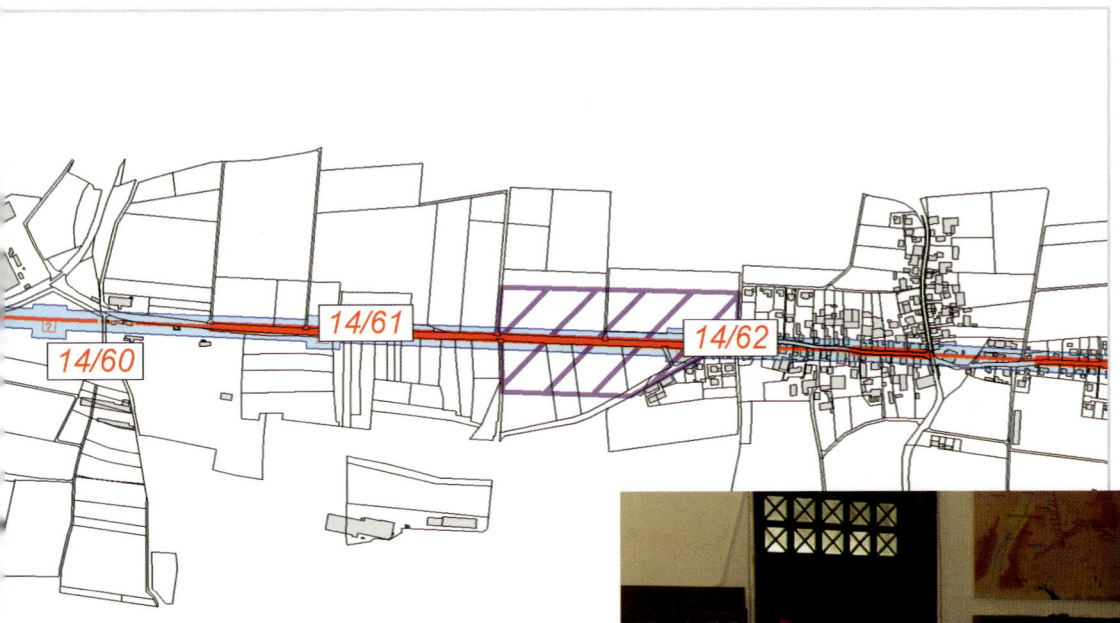

3.5 Informationsaustausch

Nur ein kleiner Prozentsatz des Limes ist im Besitz der Öffentlichen Hand. Zudem verläuft er durch Landschaften, die für zahlreiche Menschen Wohn-, Verkehrs-, Wirtschafts- oder Erholungsfunktion haben. Die Zukunft des Limes liegt damit in den Händen einer großen Menge einzelner Personen, Kommunen und Kreise sowie Dutzenden von öffentlichen Autoritäten für Planung, Wirtschaftsentwicklung, Land- und Forstwirtschaft, Naturschutz und Tourismus.

Überzeugungskraft ist das Instrument mit der größten Bedeutung für den Kulturgüterschutz.

In der Praxis bedeutet das zuallererst den Austausch von Informationen. Denkmalpfleger benötigen Kenntnis über, Anrainer für den täglichen Umgang mit dem Limes. Verluste an der Substanz, die aus Unkenntnis entstehen, sind ebenso vermeidbar, wie Beeinträchtigungen durch Sorglosigkeit.

Als Bodendenkmal ist der Limes an die Grundflächen gebunden, auf denen sich seine Einzelbestandteile befinden. Eine Kompensation zerstörerischer Eingriffe, etwa durch die Schaffung von Ausgleichsarealen, ist nicht möglich. Stärker als bisher müssen zunächst Archäologie und Landschafts- bzw. Bauplanung am Limes zusammenarbeiten. Hierzu gehört zunächst die Übernahme und einheitliche Darstellung des Limes in Raumordnungsverfahren. Bereits die Arbeiten am Limesinventar sollen daneben von Anfang an einen kontinuierlichen Kontakt mit den Kommunen sicherstellen. Alternativen zu den notwendigen Flächenausweisungen entlang dem Limes müssen ernsthaft geprüft und alle Bauvorhaben frühzeitig mit den Belangen der Bodendenkmalpflege abgestimmt werden. Ziel bleibt, einer angemessenen Entwicklung nicht im Weg zu stehen.

Abb. 9 Nachfolgend zur Übergabe der offiziellen UNESCO-Urkunde über die Aufnahme des Limes in die Welterbeliste wurden den Anrainern die für jedes Land erarbeiteten Limesentwicklungspläne vorgestellt. Diese bilden die Grundlage für alle künftigen Maßnahmen entlang dem Limes.

4. DER LIMES ALS VERMITTLUNGSAUFGABE

KEMKES · DER LIMES ALS VERMITTLUNGSAUFGABE

Von Martin Kemkes

Abb. 1 Taunus, Großer Feldberg. Besuchergruppe auf dem Wanderweg entlang dem besonders eindrucksvoll erhaltenen Limesabschnitt.

4.1 Lernen, Entdecken, Genießen – Der Limes als außerschulischer Lernort, Naherholungsgebiet und Tourismusziel

Der Schutz des UNESCO-Welterbes Limes wird in der Zukunft ganz entscheidend von seiner Verankerung im öffentlichen Bewusstsein und der damit einhergehenden Akzeptanz als einmaliges Bodendenkmal abhängen. Dieses Ziel kann nur erreicht werden, wenn die breite Öffentlichkeit mittels einer kontinuierlichen und breit angelegten Vermittlungsarbeit erreicht und für dieses Ziel gewonnen wird.

Die Tatsache, dass große Teile des Limes für den Betrachter unsichtbar im Boden verborgen liegen, unterscheidet den Limes von anderen Welterbestätten, wie dem Kölner Dom, dem Kloster Maulbronn oder der Völklinger Hütte. Für viele Besucher erschwert sich deshalb der Zugang zu diesem sensiblen Welterbe. Die Welterbekonvention der Vereinten Nationen ist jedoch in erster Linie zum Schutz der Denkmale geschaffen worden und stellt keinen Tourismusführer im klassischen Sinn dar. Der Umgang mit dem Limes steht deshalb in einem besonderen Spannungsfeld zwischen dem Schutz des Denkmals und seiner öffentlichen Erschließung für die Besucher.

Während der Schutz des Denkmals durch den Managementplan der UNESCO, die Limesentwicklungspläne der Bundesländer und nicht zuletzt durch die jeweiligen Denkmalschutzgesetze geregelt ist, bedarf es für die Ausgestaltung des Vermittlungsangebots einer ständig fortzuschreibenden Analyse der Zielgruppen und deren Erwartungen, sowie einer Abstimmung der Vermittlungsziele.

Von besonderer Bedeutung ist dabei, dass die Vermittlungs- und Öffentlichkeitsarbeit am Limes nicht auf den Bereich des Tourismus, im Sinn einer materiellen Wertschöpfung verkürzt wird, da sonst größere Teile der Bevölkerung am Limes ausgeklammert werden.

4.2 Analyse der Besucher

Der allergrößte Teil der Besucher lässt sich in drei Gruppen mit durchaus unterschiedlichen Bedürfnissen und Erwartungen aufteilen:
- Schüler und Lehrer
- Anwohner und Naherholung Suchende
- Touristen

Schüler und Lehrer

Die Schüler bilden in den Museen am Limes, aber auch am Limes selbst, die größte Gruppe, die bis zur Hälfte der Gesamtbesucher ausmachen kann. Sie kommen nicht in ihrer Freizeit, sondern im Rahmen des Unterrichts, und besuchen den Limes als außerschulischen Lernort. Ihre Betreuung ist sehr aufwendig und stellt dennoch einen wesentlichen Schwerpunkt der Vermittlungsarbeit am Limes dar. Die Museen, wie auch die Führer am Limes selbst, erfüllen hierbei einen wichtigen Teil des staatlichen Bildungsauftrags, wobei im positiven Fall die zufriedenen Schüler und Lehrer zu wichtigen Multiplikatoren werden.

Die Betreuung der Schüler und Lehrer bedarf dabei, neben den eigentlichen Führungen oder museumspädagogischen Aktionen, einer breiten theoretischen Begleitung, damit das Thema Limes im Unterricht entsprechend vermittelt wird. Dabei kommt der Vermittlungsarbeit zugute, dass die Römer und der Limes im Lehrplan aller weiterführenden Schulen als Unterrichtsthema enthalten sind und die Einbeziehung von außerschulischen Lernorten in den Unterricht nach den neuen Bildungsstandards ausdrücklich gefördert wird.

Der Schulunterricht über den Limes und der Besuch des Limes als außerschulischer Lernort sind somit gleichberechtigte Felder der Wissensvermittlung. Als Zielvorgaben und Maßnahmen der schulspezifischen Vermittlungsarbeit sind deshalb zu nennen:
- die Lehrplanorientierung der Angebote
- die Bereitstellung von lehrplanbegleitenden Arbeitsmaterialien für die Arbeit in den Schulen und zur Vorbereitung und Durchführung von Besuchsprojekten am Limes
- die Lehrerfortbildung.

Diese Aufgaben sollten zentral in den jeweiligen Bundesländern koordiniert werden, wobei eine Zusammenarbeit mit den Schulbehörden und auch mit einschlägigen Schulbuchverlagen anzustreben ist.

Abb. 2 Aalen. Museumspädagogische Aktion im Limesmuseum.

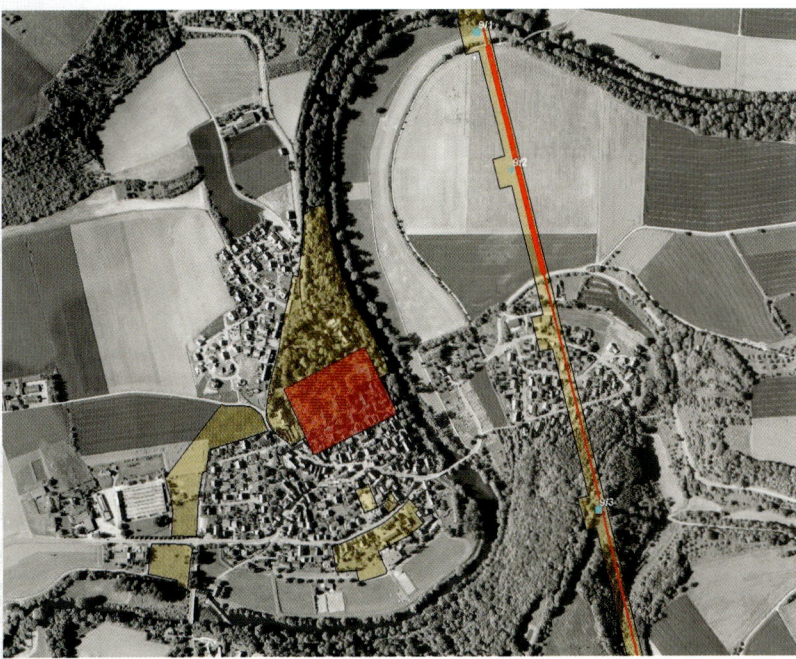

Abb. 3 Das Kastell Jagsthausen und der Verlauf des Limes im Bereich des heutigen Ortes.

DER LIMES ALS UNESCO-WELTERBE

Abb. 4 Limesverlauf westlich von Rainau-Schwabsberg. Nur aus der Luft lässt sich der Limesverlauf anhand der Heckenbepflanzung und der Waldkante im Feld erkennen.

Abb. 5 Geführte Wandergruppe am Limes bei Welzheim.

Anwohner und Naherholung Suchende

Von besonderer Bedeutung für den Umgang mit dem Welterbe Limes sind die Anwohner, die den Limes tagtäglich in ihrem direkten Lebensumfeld erleben. Dabei müssen Schutz und Präsentation des Limes nicht nur in ihren beruflichen Alltag, z. B. als Land- und Forstwirte oder als Verkehrsteilnehmer, integriert werden. Eine besondere Rolle spielt hier auch die Bewahrung beziehungsweise Erschließung des Limes als Naherholungsgebiet. Ziel ist die sensible Entwicklung eines Natur- und Kulturraums der Identifikationsmöglichkeiten eröffnet und die eigene Wohnqualität erhöht. Ein original erhaltener Limesabschnitt in der freien Natur kann hierbei ebenso eine Rolle spielen, wie die Visualisierung durch Bepflanzung oder die sogenannte Terra-Modellierung.

Zu solchen Maßnahmen gehört auch der Ausbau eines attraktiven, denkmalschonenden Wegesystems für Spaziergänger, Jogger, Reiter und Fahrradfahrer oder die Anlage von geeigneten (Limes-)Spielplätzen und Rastmöglichkeiten. Um hier eine langfristige Bindung und Identifikation aller Bevölkerungsgruppen an den „eigenen Limesabschnitt vor der Haustür" zu erreichen, bedarf es einer kontinuierlichen Information und Kommunikation, durch Vorträge, spezielle Führungen oder durch Hinweise in den Rathäusern oder Amtsblättern.

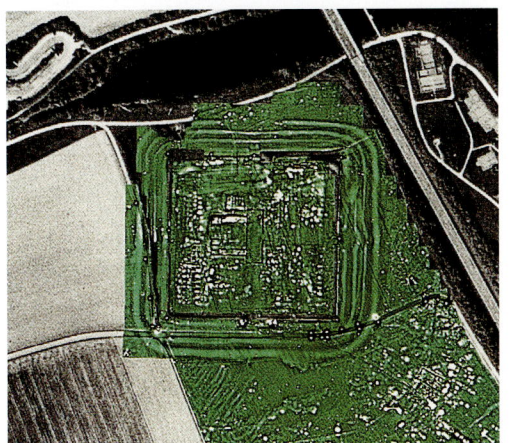

Abb. 6 Das als Grabungsschutzgebiet ausgewiesene Kastellgelände von Rainau-Buch mit geomagnetischer Prospektion der römischen Befunde.

Abb. 7 Das konservierte Badegebäude von Schwäbisch Gmünd Schierenhof.

Abb. 8 Das konservierte Kastelltor von Böbingen.

Bei all diesen Maßnahmen müssen die Anwohner spüren, dass ihre Lebensqualität als Anrainer an einem UNESCO-Welterbe gesteigert wird und dass sie diesen Entwicklungsprozess ein Stück weit auch mitgestalten können.

Abb. 9 Lorch. Unhistorisch in Blockbauweise rekonstruierter Holzturm östlich des Klosters.

Touristen

Mit den Touristen am Limes sind die Besucher gemeint, die die Limesregion im Rahmen ihrer Freizeit beziehungsweise im Urlaub für einen oder mehrere Tage aufsuchen und im Sinne einer wirtschaftlichen Wertschöpfung bereit sind, Geld auszugeben.

Zählten zu dieser Gruppe früher nur Adlige und reiche Bildungsbürger, so hat sich dies seit dem zweiten Weltkrieg nachhaltig verändert. Die Verkürzung der Tages-, Wochen- und Lebensarbeitszeit führte zu einer stetigen Zunahme der Reisetätigkeit. So steigerte sich die Wochenendfreizeit in den letzten Jahrzehnten im Durchschnitt von 1,5 auf 2 Tage, die durchschnittliche Urlaubszeit von etwa 10 auf 30 Tage im Jahr. Weitere Faktoren sind Einkommenssteigerungen, die gestiegene Lebenserwartung sowie die höhere Mobilität. Heute verreisen über 70 % der deutschen Bevölkerung, wobei es sich bei über 50 % dieser Reisen um Inlandsreisen handelt. Der Trend entwickelt sich dabei eindeutig hin zu häufigeren und kürzeren Urlaubsreisen.

Aufgrund der spezifischen Situation am Limes, der über weite Strecken durch eine naturnahe, durch regionale Besonderheiten geprägte Kulturlandschaft verläuft, sollte hier die Entwicklung eines nachhaltigen Kulturtourismus gefördert werden. Nachhaltigkeit bedeutet hierbei die Bewahrung oder Schaffung einer Balance zwischen dem Schutz des UNESCO-Welterbes, der ökologischen Bewahrung der Naturlandschaft, der ökonomischen Entwicklung und auch der Berücksichtigung der sozialen Belange vor Ort.

Die zu entwickelnden Angebote sollten sich dabei an folgenden Grundsätzen orientieren:
- Die Angebote müssen ein gebietsspezifisches authentisches Erlebnis der Kulturlandschaft ermöglichen.
- Es darf keine reine „Touristen-Kultur" geschaffen werden, sondern die Angebote müssen für Auswärtige und Einheimische gleichermaßen attraktiv sein.
- Der Tourismus am Limes muss vor Überlastungen bewahrt werden, um das kulturelle und ökologische Potenzial nicht zu gefährden.
- Die Angebote müssen sich an den unterschiedlichen Besucherprofilen vom Einzelbesucher, über Familien bis hin zu den Senioren orientieren.
- Die Angebote müssen ein hohes Maß an Sachkunde, Gründlichkeit und Fantasie aufweisen.

Für die Tourismusentwicklung in der Limesregion ist es dabei ein Problem, dass die Natur- und Kulturlandschaft am Limes eine Fülle von „immateriellen Attraktionen", wie frei zugängliche Sehenswürdigkeiten und reizvolle Landschaften aufweist, die sich einer ökonomischen Bewertung entziehen. Nachhaltiger Tourismus am Limes bedeutet deshalb auch auf eine langfristige Entwicklung als touristischer Erholungsraum zu setzen und gewisse Wachstumsgrenzen anzuerkennen.

4.3 Vermittlungsorte am Limes

Analysiert man vor dem Hintergrund der verschiedenen Besuchergruppen die einzelnen Kategorien der Vermittlungsorte, so lassen sich folgende Bereiche mit ihren spezifischen Chancen und Problemen unterscheiden.

Das Bodendenkmal Limes in seiner Originalsubstanz

Der größte Teil der Limesanlagen, sei es nun der Verlauf von Wall und Graben beziehungsweise der Limesmauer, oder auch die Mehrzahl der militärischen Anlagen, vom Wachturm bis zum Kastell, sind oberirdisch nicht oder nur noch schwer zu erkennen. Teilweise wurden der Verlauf des Denkmals oder seine Umrisse durch Bepflanzung sichtbar gemacht. Dazu zählen sowohl ausgegrabene Anlagen mit gezielten Anpflanzungen, als auch einzelne Limesabschnitte mit natürlichem Heckenbewuchs. Zum Teil konnten

Abb. 10 Welzheim. Rekonstruierte Toranlage des als Archäologischer Park gestalteten Ostkastells.

Abb. 11 Führung der Limes-Cicerones im Ostkastell von Welzheim.

Abb. 12 Teilrekonstruktion einer Reiterkaserne im Maßstab 1:1 im Limesmuseum Aalen.

solche Bereiche zwischenzeitlich in öffentliches Eigentum überführt und als Grabungsschutzgebiete ausgewiesen werden.

Der klare Nachteil dieser Anlagen liegt darin, dass keine sichtbaren Baubefunde erkennbar sind und dem Besucher eine nicht unerhebliche Transferleistung abverlangt wird, die durch entsprechende Ausschilderungen oder mobile Informationssysteme angeregt werden muss. Bei solchen Erläuterungen können moderne Prospektionsmethoden und virtuelle Rekonstruktionen wertvolle Unterstützung leisten.

Das Manko des „unsichtbaren Welterbes" wird allerdings durch den Umstand aufgewogen, dass dem Besucher hier ein Stück „unberührtes Welterbe" präsentiert werden kann, das noch alle Zeugnisse zur Geschichte dieses Ortes in authentischer Form in einem Bodenarchiv für künftige Generationen bewahrt. Gerade dem modernen Menschen, dem der Schutzgedanke seiner Umwelt in vielfältiger Form geläufig ist, kann an solchen Orten die Notwendigkeit des Schutzes des nicht sichtbaren Bodendenkmals besonders eindringlich nahe gebracht werden. Die Kennzeichnung durch Bepflanzung bietet hier auf längere Sicht eine effektive Möglichkeit der Präsentation, die zudem mit Mitteln der Landschaftsplanung die Möglichkeit zur Schaffung von Naherholungsgebieten eröffnet.

Konservierte Bauwerke

Wohl der größte Teil der sichtbaren Limesanlagen kann heute in Gestalt von restaurierten beziehungsweise konservierten Sockelmauern besichtigt werden. Der Nachteil bei diesen ist, dass nur der Grundriss des jeweiligen Gebäudes zu sehen ist und die dreidimensionale Ergänzung der Vorstellungskraft des Besuchers oder aber den Erläuterungstafeln überlassen werden muss. Von Vorteil ist dagegen, dass durch den Verzicht auf Ergänzungen, über den belegten archäologischen Befund hinaus, falsche Rekonstruktionen und damit das mögliche Festsetzen falscher Bilder in den Köpfen der Besucher vermieden wird.

Alle diese Anlagen wurden in der Regel vorher archäologisch untersucht. Über einigen der sehr gut erhaltenen entstanden Schutzbauten. Auch die Anlagen im Freien wurden mit ihrer direkten Umgebung des öfteren als Archäologische Parks mit Infotafeln und Steinabgüssen gestaltet, die sich als Veranstaltungsorte für temporäre Events von der Kastellwache bis zum Römerfest eignen. Unter dem Aspekt der Nachhaltigkeit bedürfen sie auf Dauer einer finanziell abgesicherten Pflege und Betreuung, sollen sie nicht in relativ kurzer Zeit verwahrlosen.

Abb. 13 Limesmuseum Aalen mit Archäologischem Park auf dem Gelände des Reiterkastells, im Zentrum der Anlage die konservierten Grundmauern des Stabsgebäudes.

Zwar bieten solche Orte für Anwohner und Touristen eine gewisse Infrastruktur mit Park- und Verweilflächen, sie leisten allerdings im Sinne eines Lernortes oft wenig mehr als einen „topografischen Verweis" auf das vorhandene Bodendenkmal. Je nach Art der Gestaltung kann sogar eine „Künstlichkeit" entstehen, die dem historischen Ort kaum mehr gerecht wird. Vor diesem Hintergrund sollte geprüft werden, wie viele solcher „Limesparks" in der jeweiligen Region als touristische Anlaufstelle oder als innerörtliche Grünanlage notwendig und sinnvoll sind.

Rekonstruktionen

An einigen Orten am Limes wagte man in der Vergangenheit den Schritt, Teile des Baudenkmals in Originalgröße und Aussehen wieder aufzubauen. Diese Rekonstruktionen reichen von dem Wiederaufbau der Saalburg vor etwa 100 Jahren, über den Nachbau einiger Kastelltore, wie in Welzheim und Weißenburg, bis hin zu den zahlreichen Wachtürmen und Limesanlagen.

Gerade die nachgebauten Limestürme, von denen es am Limes etwa 20 gibt, zeigen die Probleme solcher Rekonstruktionen. Da die jeweiligen archäologischen Befunde keine Erkenntnisse zum Aussehen des aufgehenden Gebäudes ergaben, entstanden diese nach bestem Wissen der Beteiligten. Dies führte zum einen dazu, dass sich alle rekonstruierten Limestürme teilweise erheblich voneinander unterscheiden, und zum zweiten tradierten sich durch Nachahmung für die Römerzeit nicht nachgewiesene Baudetails, wie z. B. die „Blockhausbauweise" der Holztürme.

Trotz solcher Defizite haben diese Rekonstruktionen den Vorteil, dass sie jedem Besucher, selbst dem nur beiläufig interessierten oder dem zufällig Vorbeikommenden ein leicht verständliches und damit einprägsames Bild des Limes vor Augen führen, das

Abb. 14 Osterburken. Dauerausstellung im Römermuseum.

Abb. 15 Osterburken. Der Altbau des heutigen Römermuseums liegt als Schutzbau über dem vollständig ausgegrabenen Kastellbad.

Abb. 16 Internationale Römertage im Limesmuseum Aalen.

wegen seiner Einmaligkeit in der direkten Umgebung genügend Alleinstellungsmerkmale beinhaltet, um für längere Zeit im Gedächtnis zu bleiben. Die ständige Präsenz im öffentlichen Raum bietet zudem ein hohes Identifikationspotenzial für die Bevölkerung mit „ihrem Welterbe". Als Lernorte besitzen sie den Vorteil eines leicht verständlichen Zugangs in die historische Dimension des Ortes, wobei dieser Effekt durch weitere didaktische Angebote wie Führungen in römischer Kleidung oder entsprechende Eventveranstaltungen noch gesteigert werden kann.

An den größeren Museen wie der Saalburg oder im Limesmuseum Aalen werden solche 1:1 Rekonstruktionen zudem erfolgreich in die museumspädagogische Arbeit integriert. Schließlich sind Rekonstruktionen als touristische Anziehungspunkte, von der Werbung bis zum konkreten Besuch vor Ort, unverzichtbare Elemente eines überregional angelegten Tourismuskonzepts. Vor diesem Hintergrund ist zu prüfen, ob in jeder Region am Limes ein solcher Lernort vorhanden ist.

Museen und Informationszentren

Der Managementplan der UNESCO teilt die Museen als besondere Vermittlungsorte am Limes in vier Kategorien ein (siehe Kapitel 5). Von den kleinen Heimatmuseen bis zu den großen Museen mit überregionaler Bedeutung

bieten sie als zentrale Anlaufstellen die Möglichkeit, den Besuchern auch vertiefende Informationen über den Limes zu vermitteln. Für diese Arbeit ist es besonders vorteilhaft, wenn, wie im Fall der Saalburg, des Römermuseums Osterburken oder des Limesmuseums Aalen, Museum und Denkmal direkt beieinanderliegen und damit die Authentizität des historischen Ortes für die Besucher spürbar wird.

Bei der täglichen Arbeit nimmt die Betreuung der Schulklassen einen immer breiteren Raum ein. Auch sind die Museen meist der Ort an dem größere Werbeveran-

Abb. 17 Schülerführung im Limesmuseum.

Abb. 18 Limestor Dalkingen. Bronzenes Adlerkopfschwert als Teil einer Kaiserstatue.

staltungen, wie z. B. Römerfeste, stattfinden. Bei allem Eventcharakter ist dabei positiv festzuhalten, dass sich z. B. bei den Römertagen in Aalen allein an einem Wochenende 10 – 15000 Menschen mit dem Thema Römer und Limes beschäftigen. Dabei werden oft Bevölkerungsgruppen erreicht, die nicht zu den klassischen Museumsbesuchern zählen. Auch für die langfristige Tourismusförderung sind solche Großveranstaltungen unverzichtbar.

Eine zentrale Aufgabe der Museen sollte aber nicht vergessen werden. Kann der Besucher des Limes im Gelände die erhaltenen oder rekonstruierten Bodendenkmale besuchen, so hat er nur im Museum die Möglichkeit den von diesen Plätzen stammenden archäologischen Originalfunden zu begegnen. Diese gehören untrennbar zum Schutzobjekt Limes, machen sie doch rein dinglich erfahrbar, was bei einer Zerstörung des Denkmals an historischem Erbe verloren geht.

Die komplexe Vermittlungsarbeit in den Museen verlangt deshalb eine fachkundige Betreuung, sodass ab einer gewissen Größe der Häuser eine archäologische Fachkraft vor Ort oder die Anbindung an eine Landesinstitution mit dem entsprechenden Fachpersonal unverzichtbar ist.

Die Erfahrungen der letzten Jahre zeigen zudem, dass die Museen verstärkt auch als allgemeine touristische Informationsstellen genutzt werden. Diesen Bedürfnissen wurde durch die Einrichtung von sogenannten Limesinformationszentren, z. B. im Römermuseum Weißenburg und im Limesmuseum Aalen, Rechnung getragen. Auch bei der Weiterentwicklung der kleineren Museen muss darauf geachtet werden, dass sie neben der Aktualisierung ihrer Dauerausstellungen auch solche Funktionen als regionale touristische Informationszentren zum Limes erfüllen können. Auch hierbei ist das jeweilige Betriebskonzept, angefangen von den Öffnungszeiten bis hin zum museumspädagogischen Angebot, den Bedürfnissen der Besucher anzupassen.

4.4 Künftige Planungen und Kooperationen

Das Angebot einer breit angelegten, qualitativ hochwertigen und im Sinne der UNESCO-Auszeichnung abgestimmten Vermittlungsarbeit am Welterbe Limes bedarf einer ständigen Weiterentwicklung. Für die bundesländerübergreifende Zusammenarbeit wurden mit der Deutschen Limeskommission, der Deutschen Limesstraße und der Arbeitsgemeinschaft der Museen am Limes geeignete Gremien geschaffen, von denen aus auch die internationale Zusammenarbeit mit den anderen Partnern am transnationalen Welterbe „Grenzen des Römischen Reiches" koordiniert wird.

In den vier Bundesländern wurden mit der Einstellung von überregional arbeitenden „Limeskoordinatoren" und der Einrichtung von „Limeslenkungsgruppen" Strukturen geschaffen, die auf der Grundlage der Limesentwicklungspläne den Schutz des Limes, seine Vermittlung und touristische Vermarktung organisieren. Schließlich bedarf es auch für jede Region, jeden Landkreis oder jede Gemeinde der Kooperation zwischen den Trägern der öffentlichen Verwaltung, den staatlichen Stellen der Denkmalpflege und Museen und den Tourismusverbänden, um die Betreuung des Limes nach einheitlichen Standards und auf qualitativ hohem Niveau weiterzuentwickeln.

Eine Vermittlungsarbeit, die dem dauerhaften Schutz des gesamten Denkmals oberste Priorität einräumt, benötigt dazu Vermittlungsorte, die als Lern- und Erholungsorte im Sinne eines nachhaltigen Kulturtourismus dienen und gleichzeitig den Ansprüchen der Anwohner sowie der Schülerbetreuung gerecht werden. Auf der Grundlage der vorhandenen Erhaltungs- und Präsentationsformen des Limes lassen sich folgende Kategorien definieren:

- Der Limes und seine Wehranlagen als sichtbar erhaltenes unberührtes Bodendenkmal in seiner heute naturbelassenen Umgebung.
- Der Limes und seine Wehranlagen als sichtbar oder unsichtbar erhaltenes Bodendenkmal mit sensibler Visualisierung durch Bepflanzung oder Modellierung.
- Der Limes und seine Wehranlagen als konservierte oder teilrekonstruierte Anlage, als gestaltete Parkanlage, als Naherholungsgebiet und/oder touristische Anlaufstelle.
- Der Limes als rekonstruierte Anlage im Maßstab 1:1 als markanter Lernort, touristischer Anziehungspunkt und Identifikationssymbol für die ganze Bevölkerung.
- Der Limes in überregionalen und regionalen Museen mit der Präsentation der Originalfunde und einem entsprechend breiten museumspädagogischen Angebot.

In Zukunft wird für jede Region darauf zu achten sein, wie solche Lern- und Erholungsorte verteilt und weiterentwickelt werden, um im Sinne eines nachhaltigen Kulturtourismus die Lust am Lernen, Entdecken und Genießen zu fördern, ohne den Schutz des einmaligen Bodendenkmals Limes zu gefährden.

Abb. 19 Depotfund aus Bronzegefäßen und Statuetten, gefunden in einem römischen Brunnen im Kastellvicus von Rainau-Buch.

5. WELTERBE LIMES IM MUSEUM

WELTERBE LIMES IM MUSEUM

Von Christof Flügel

Abb. 1 Aalen, Limesmuseum. Teilnachbau einer Reiterbaracke.

5.1 Das Unsichtbare sichtbar machen

Mit der Eintragung des Limes als deutsches Modul des transnationalen Welterbes Grenzen des Römischen Reiches kommt den Museen am Obergermanisch-Raetischen Limes eine zentrale Rolle für die Vermittlung dieses mit 550 km längsten zusammenhängenden Bodendenkmals in Europa zu.

5.2 Museen am Limes – Aufgaben und Ziele

Den Umgang mit dem Welterbe regelt ein Managementplan, der regelmäßig überprüft und fortgeschrieben werden soll. Bestandteil dieses Managementplans ist ein Museumsentwicklungsplan für die Limesbundesländer Bayern, Baden-Württemberg, Hessen und Rheinland-Pfalz (siehe Anhang). Er wurde von Vertretern der Landesdenkmalämter, der Museumsämter und -verbände, der Landesmuseen, der Deutschen Limesstraße und der Deutschen Limeskommission entwickelt. Dieser Museumsentwicklungsplan für die Museen am vorderen Obergermanisch-Raetischen Limes besitzt den Charakter einer Empfehlung, nicht den einer Richtlinie. Er definiert unterschiedliche Museumskategorien und Vermittlungsstrategien:

1. Überregionale Zentralmuseen

Diese strategisch an einzelnen Limesabschnitten „platzierten" Museen thematisieren übergreifend den Limes in einem Bundesland, wie dies beispielsweise schon im Limesmuseum Aalen verwirklicht wurde. Sie bieten als „Leuchttürme" in der Museumslandschaft Gesamtinformationen zur Geschichte, Funktion und Erhaltung des Limes und zu übergeordneten Themen. Dazu gehören beispielsweise die Darstellung historischer Hintergründe und aktueller Forschungstendenzen sowie dem Welterbeprogramm und Maßnahmen zum Denkmalschutz. Eine wichtige Aufgabe ist der Verweis auf die Regionalmuseen am Limes. Am Beispiel des Römermuseums Obernburg a. M., Lkr. Miltenberg, lassen sich Zielrichtungen der Zentralmuseen veranschaulichen: In den nächsten Jahren soll hier ein neues „Mainlimesmuseum" das bisher stark auf die römische Lokalgeschichte konzentrierte bestehende Römermuseum ersetzen. Die Befunde und Funde der Beneficiarierstation von Obernburg, die innerhalb der Museumslandschaft am Limes ein museales Alleinstellungsmerkmal bilden, werden architektonisch und konzeptionell in das neue Museum integriert: Der Befund der Benefi-

ciarierstation ist für den Museumsneubau als in-situ-Inszenierung geplant. Wie schon im Namen „Mainlimesmuseum" zum Ausdruck kommt, soll hier als zweiter Schwerpunkt der gesamte bayerisch-hessische Limesabschnitt zwischen Miltenberg und Großkrotzenburg thematisiert werden. Dabei soll im neuen Obernburger Museum jede Limesgemeinde am Main thematisch mit einem ortsspezifischen Thema vertreten sein. Als Eingangsportal zum Geopark Odenwald wird darüber hinaus im neuen Mainlimesmuseum auch der Odenwaldlimes thematisiert werden.

Als Pendant zum Römermuseum in Obernburg übernimmt das Römermuseum in Weißenburg i. B. die Aufgaben eines überregionalen Zentralmuseums für den Raetischen Limes in Bayern. Hier ist auch das Limesinformationszentrum untergebracht, das als erste Anlaufstelle dem Besucher Informationen über das Welterbe Limes allgemein und in der Region vermitteln soll. Auch das Nachbarland Baden-Württemberg besitzt mit dem Römermuseum Osterburken und dem Limesmuseum Aalen zwei überregionale Museen. In Aalen koordiniert das dortige Limesinformationszentrum über das limesspezifische kulturtouristische Angebot hinaus auch Service- und Dienstleistungsangebote für Kommunen und Landkreise in Baden-Württemberg. In Hessen kommt dem Saalburgmuseum die Rolle des überregionalen Zentralmuseums zu.

Abb. 2 Weißenburg i. Bay. Limesinformationszentrum.

Abb. 3 Osterburken. Römermuseum.

2. Schwerpunktmuseen zu regionalen Einzelthemen

Diese Einrichtungen sollen sich auf archäologische Besonderheiten im jeweiligen topografisch-regionalen Umfeld konzentrieren.

3. Regionale Informationszentren

Sie thematisieren einzelne Kastellplätze oder Limesabschnitte und schließen regionale Lücken in der Vermittlung entlang dem Limes. Die bestehenden Museen in nichtstaatlicher (meist kommunaler) Trägerschaft entlang dem Limes konzentrieren sich bereits auf die örtlichen Gegebenheiten. Sie wollen der Bevölkerung vor Ort den Limes in seinem lokalen Umfeld vermitteln.

4. Lokale Informationspunkte

Hier werden Kastellplätze oder typische Objekte entlang der Limesstrecke vor Ort ausgeschildert und im Gelände kenntlich gemacht. Die Beschilderung soll nach dem von der Deutschen Limeskommission erarbeiteten „Informationssystem zur Beschilderung der archäologischen Fundstellen an der römischen Grenzlinie" erfolgen, um den Limes bundesländerübergreifend als zusammenhängendes Bodendenkmal erlebbar zu machen.

5.3 Die Arbeitsgemeinschaft „Römische Museen am Limes"

Die Museen mit römischen Sammlungsbeständen am vorderen Obergermanisch-Raetischen Limes haben sich in einer bundesländerübergreifenden Arbeitsgemeinschaft zusammengeschlossen (siehe Anhang). Ziele sind die Förderung, Verbesserung und Koordinierung der musealen Vermittlungsarbeit. Anlass für die Gründung dieser Arbeitsgemeinschaft war die Notwendigkeit, einen Repräsentanten für alle römischen Museen am Limes in die Deutsche Limeskommission zu entsenden. Die Arbeitsgemeinschaft „Römische Museen am Limes" sieht deshalb ihren Tätigkeitsschwerpunkt in der Vermittlung des Limes im Museum. Der Kreis ist offen für weitere Museen. Räumlich bezieht sich die Arbeitsgemeinschaft zunächst nur auf den vorderen Obergermanisch-Raetischen Limes im Sinne des UNESCO-Antrags. Die Arbeitsgemeinschaft ist eine von der Deutschen Limeskommission unabhängige Kommunikationsebene der Museen untereinander. Der auf drei Jahre gewählte Vorsitzende dieser Arbeitsgemeinschaft vertritt innerhalb der Deutschen Limeskommission die Interessen der „fachlich einschlägigen Museen am Limes".

Für die Zusammenarbeit der Limesmuseen untereinander wurden innerhalb der Arbeitsgemeinschaft regionale Ansprechpartner für folgende Limesabschnitte benannt: Rheinland-Pfalz; Hessen; bayerischer Mainlimes und angrenzendes hessisches Gebiet; Limes in Baden-Württemberg; Raetische Mauer in Bayern.

Nur wenige Museen am Limes sind als reine Römermuseen konzipiert. Bei den meisten handelt es sich um Mehrspartenmuseen mit unterschiedlich großen römischen Abteilungen. Die Konzeption erfolgte überwiegend in den 80er- und 90er-Jahren des 20. Jh. Viele Museen planen deshalb eine Aktualisierung ihrer römischen Dauerausstellungen unter Einbeziehung der neuen Ergebnisse der Limesforschung. Ein weiteres Thema ist die Neudokumentation des Limes in seinem jeweiligen regionalen Umfeld auf

Abb. 4 Raetische Mauer bei Burgsalach, Lkr. Weißenburg-Gunzenhausen. Historisches Glasplattenfoto aus dem Archiv der Reichs-Limeskommission.

der Grundlage des UNESCO-Antrags. Fast alle Museen thematisieren nach einer Umfrage der Arbeitsgemeinschaft bereits jetzt allgemein die Bereiche „Militär", „Ziviles Leben" und „Limes". Umso wichtiger ist die Betonung lokaler Aspekte und die Entwicklung thematischer und musealer Alleinstellungsmerkmale. Im Museum Großkrotzenburg, Main-Kinzig-Kreis (Hessen) geschieht dies beispielsweise durch das Schwerpunktthema „Römische Ziegelproduktion in Obergermanien", in der römischen Abteilung des Schifffahrtsmuseums Wörth a. M., Lkr. Miltenberg (Bayern) durch das Thema „Holzbeschaffung und Mainschifffahrt".

5.4 Vermittlung des Limes im Museum

An vielen Kastellorten entlang dem Limes existieren bereits Museen mit römischen Sammlungsbeständen. Sie stellen die Originalexponate in den Mittelpunkt und erzählen als Zeugnisse lebender Kultur von den Menschen am Limes. Für die Arbeitsgemeinschaft römischer Museen am Limes soll eine webbasierte Internetdatenbank erarbeitet werden. Hier können Befunde und Funde vom Limes auch virtuell wiedervereinigt werden. Außerdem wäre, einer Idee der schottischen Kollegen am Antoninuswall folgend, daran zu denken, die im Museum thematisierten Limesabschnitte über Webcams direkt in die Gestaltung neuer Museumsabteilungen zu integrieren, um dem Besucher den Bezug des Bodendenkmals zu

Abb. 5 Schuttwall der Raetischen Mauer bei Hienheim, Lkr. Kelheim.

Abb. 6 Virtuelle Idealrekonstruktion der Raetischen Mauer.

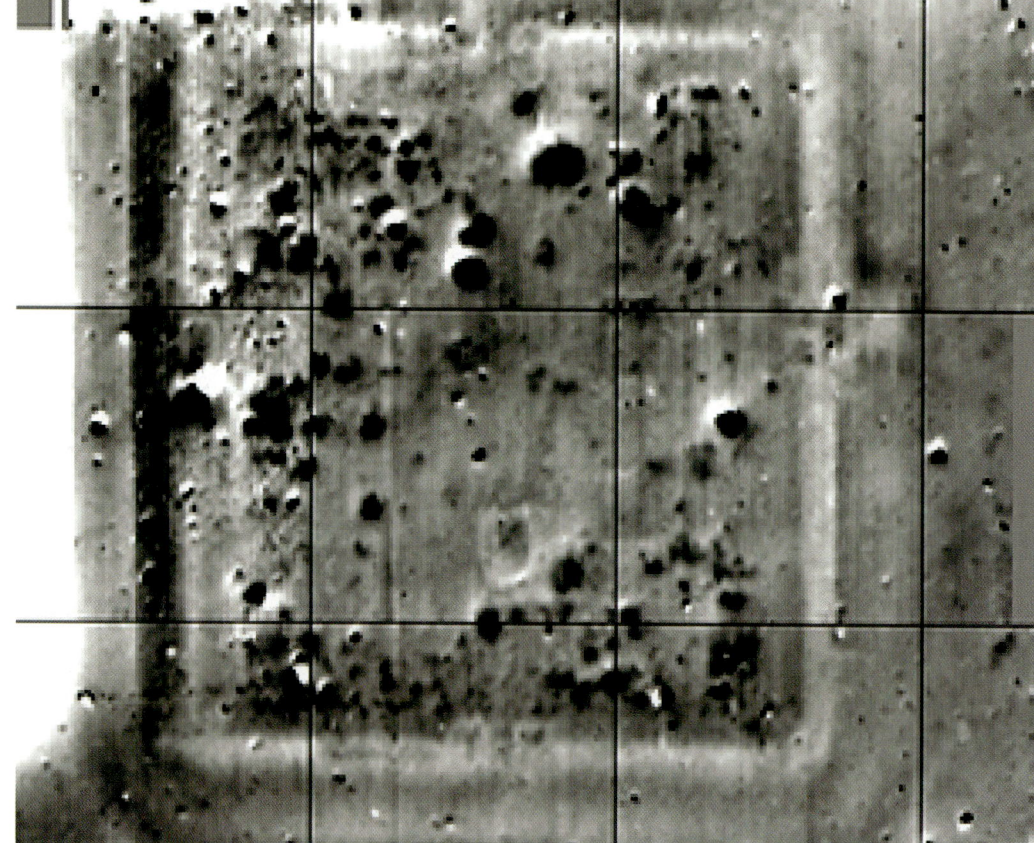

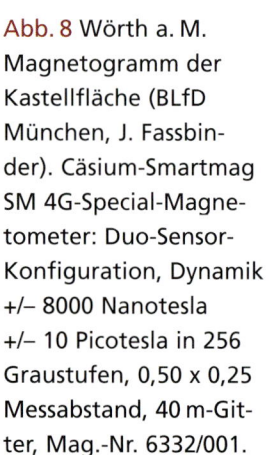

Abb. 7 Wörth a. M., Lkr. Miltenberg. Luftbild mit nicht überbautem Kastellareal in den Wiesenflächen im Vordergrund.

Abb. 8 Wörth a. M. Magnetogramm der Kastellfläche (BLfD München, J. Fassbinder). Cäsium-Smartmag SM 4G-Special-Magnetometer: Duo-Sensor-Konfiguration, Dynamik +/– 8000 Nanotesla +/– 10 Picotesla in 256 Graustufen, 0,50 x 0,25 Messabstand, 40 m-Gitter, Mag.-Nr. 6332/001.

Abb. 9 Wörth a. M. Virtuelle Rekonstruktion der Porta Praetoria von der Lagerinnenseite aus.

den Funden unmittelbar nahezubringen. Funde gehören untrennbar zum Schutzobjekt Limes. Sie machen erfahrbar, was bei einer Zerstörung des Denkmals an historischem Erbe verloren gehen kann.

Eine wesentliche Aufgabe der kleineren Museen ist es, den jeweiligen Limesabschnitt in konzentrierter Form mit seinen spezifischen Besonderheiten zu vermitteln. So können diese Museen, einem Vorschlag des Limesentwicklungsplans Baden-Württemberg folgend, thematisch „… als Unterzentren einen eigenen Limesabschnitt abdecken, sodass sie als Eingangs- bzw. Ausgangsportale für den Besucher an der Limesstrecke dienen können" (M. Kemkes). Ideal ist es, wenn die Funde, wie im Limesmuseum Aalen oder auf der Saalburg, in der Nähe des jeweiligen Fundortes gezeigt werden können. Dadurch erschließt sich dem Besucher der untrennbare Zusammenhang zwischen Fund und Fundort deutlich und weckt dadurch auch Verständnis für den Schutz beweglicher und unbeweglicher Bodendenkmale. Um den Zusammenhang zwischen Bodendenkmal und Funden deutlich zu kennzeichnen, sollte auch im Museum für den Themenbereich „Limes" das Design der Deutschen Limeskommission Verwendung finden. Der Bruch zur sonstigen grafischen Gestaltungslinie eines Museums wird dabei bewusst in Kauf genommen, um das Thema Limes „augenfällig" zu machen.

Die Vermittlung des linearen Bodendenkmals Limes bildet eine besondere museale Herausforderung: Zu Beginn des 20. Jh. war teilweise noch eindrucksvolle originale Bausubstanz am Limes vorhanden, wie historische Glasplattenfotos und Grabungsberichte zeigen. Die Erschließung dieser historischen Quellen zur Archäologie des Limes ist eine gemeinsame Aufgabe der Museen am Limes, der Denkmalämter und der Deutschen Limeskommission. Ihre systematische Erfassung und Auswertung sind auch Grundlage für Restaurierungskonzepte an der originalen Bausubstanz, da nur durch eine exakte Analyse des Bildmaterials oft nicht dokumentierte frühere Restaurierungsmaßnahmen und ihr Eingriff in die römische Bausubstanz nachvollzogen werden können. Aktuelle Zustandsfotos und virtuelle Rekonstruktionen im Museum illustrieren im Vergleich zu diesen historischen Aufnahmen die Zerstörung eines archäologischen Denkmals. Dadurch wird die Öffentlichkeit für denkmalpflegerische Fragestellungen sensibilisiert. Das gleiche Ziel erreichen virtuelle Rekonstruktionen nicht überbauter Lagerareale, die sich für den interessierten Laien

Abb. 10 Miltenberg. Konservierter Töpferofen aus dem Vicus im Foyer des Caritas-Heimes „Maria Regina".

zunächst nur als eine grüne Wiese darstellen: Die lokalen Informationszentren von Wörth a. M., Lkr. Miltenberg (Bayern) und Ruffenhofen, Lkr. Ansbach (Bayern) zeigen deshalb virtuelle Idealrekonstruktionen der dortigen Kastelle. Sie beruhen in beiden Fällen auf den Ergebnissen der zerstörungsfreien Magnetometerprospektion. Die allgemeinverständliche Darstellung moderner Methoden in der Limesforschung wie z. B. LIDAR-Airborne-Laserscanning oder geophysikalische Prospektion, bildet ein weiteres Thema musealer Vermittlung.

Abb. 11 Weißenburg i. Bay. Virtuelle Idealrekonstruktion der Großen Thermen.

Den Museen kommt besonders die Aufgabe zu, aktuelle Ergebnisse der Limesforschung, wie sie in regelmäßigen Abständen auf den Fachkolloquien der Deutschen Limeskommission vorgestellt werden, in ihre Dauerausstellungen zu integrieren. Museen können als außerschulische Lernorte oft schon Inhalte vermitteln, lange bevor sie Eingang in die Schulbücher finden. Eine engere Verzahnung zwischen archäologischer Denkmalpflege, Museen und Schule ist auch zentrales Anliegen der Initiative „Archäologie und Schule" der Gesellschaft für Archäologie in Bayern. Die Ergebnisse sind in der „Weißenburger Erklärung" festgehalten.

Eine weitere Aufgabe der Museen ist die Vermittlung des Limes als Teil einer größeren Kulturlandschaft. Der Limes ist kein isoliertes Bodendenkmal, sondern steht im Zusammenhang mit Kastellen, Lagerdörfern, Gutshöfen und Straßen. Im Welterbeantrag sind Schutzzonen entlang dem Limes ausgewiesen. Sie könnten Grundlage werden für die weitere museale und touristische Vermittlung des Limes: Ausgehend von einem UNESCO-Methodenmodell für historische Landschaften, das „Denkmal- bzw. Erinnerungslandschaften" (memorial landscapes) definiert, ließe sich der Limes in seinem geografischen Kontext erklären. So könnte die Grenze der Provinzen Obergermanien und Raetien in ihrem geografischen Kontext samt Lagerdörfern, Gutshöfen und Straßenzügen vermittelt werden. Für den Bereich des Limeskastells Ruffenhofen, Lkr. Ansbach wurde bereits eine GIS-gestützte archäologische Verbreitungskarte der Bodendenkmale erarbeitet.

Die regionalen Informationszentren betreuen häufig auch die Vermittlung konservierter Bodendenkmale im Bereich der Kulturlandschaft Limes: In Miltenberg (Bayern) wird beispielsweise ein Töpferofen aus dem Vicus in Fundortnähe präsentiert. Er verweist schlaglichtartig auf den Zusammenhang zwischen Zivilsiedlung und Kastell. Als Außenstelle des Museums Miltenberg bietet er einen Anreiz für den Besuch des dortigen Museums.

Virtuelle Idealrekonstruktionen archäo-

Abb. 12 Aalen. Virtuelle Idealrekonstruktion von Kastell und Lagerdorf.

logischer Baubefunde sind in zunehmendem Maß integrative Elemente moderner Dauerausstellungen. Gründe, eine digitale Rekonstruktion zu erstellen, gibt es viele, angefangen mit dem Hauptziel, archäologische Erkenntnisse (aber auch Wissenslücken) einem breiten Publikum zu vermitteln. Die Gefahr virtueller Welten und deren Verwendung im Museum besteht aber darin, dass diese kritiklos als perfekte Bilder aus der Antike rezipiert werden. Grundlage einer jeden fotorealistischen digitalen Rekonstruktion ist die wissenschaftliche und inhaltliche Korrektheit, die oft langwierige Grundlagenforschung erfordert: Im Fall der Thermen von Weißenburg bildeten 3D-Laserscans und daraus destillierte virtuelle Schnitte durch die konservierten Mauerreste, zusammen mit der Grabungsdokumentation sowie Analogbefunde in anderen Provinzen des Imperiums die Rekonstruktionsgrundlage. Fotorealistische Ansichten werden durch die vier aufeinanderfolgenden Schritte Modellierung, Texturierung, Atmosphäre sowie Licht- und Bildberechnung erreicht. Aus Kostengründen müssen archäologische virtuelle Welten auf bewegte Figuren verzichten, obwohl der Besucher durch den hohen Standard der Computerspielindustrie in seinen Sehgewohnheiten konditioniert ist. Die fotorealistisch wiedergegebenen Gebäude wirken deshalb trotz detailgenauer Ausführung und detaillierter Oberflächengestaltung oft tot. Der antike Benutzer ist aus Kostengründen nur „indirekt erlebbar", etwa durch abgestellte Alltagsgegenstände oder durch Soundeffekte wie Schritte oder knarrende Türen. Generell ist es wichtig, die gewünschten musealen Anforderungen an archäologische Virtual Reality im Vorfeld zusammen mit der ausführenden Firma klar zu definieren. Im Wesentlichen stellt sich die Frage, ob die Anwendung interaktiv gestaltet werden soll oder nicht, wobei die Tendenz deutlich zugunsten inaktiver Digitalrekonstruktionen geht. Von der Grundidee über die Erstellung von Storyboard und Scribbles bis hin zur Audioredaktion und Ausführung ist ausreichend Zeit einzukalkulieren. Im Vorfeld definiert werden muss auch die gewünschte Realitätsnähe, die Auswirkungen auf die Oberflächentextur hat.

Abb. 13 Aalen, Limesmuseum. Römerfest.

Am Obergermanisch-Raetischen Limes wurden seit Zuerkennung des Welterbestatus mehrere virtuelle Idealrekonstruktionen realisiert, angefangen von Kastell und Lagerdorf Aalen über die bereits genannten Kastelle von Wörth a. M., Lkr. Miltenberg, und Ruffenhofen, Lkr. Ansbach, bis hin zu den Großen Thermen von Weißenburg i. Bay.

Das Potential der Museen für die Vermittlung des Limes zeigt sich besonders bei Limesabschnitten ohne linearen Grenzausbau: Am ostbayerischen Donaulimes zwischen Regensburg und Passau, der nach Anerkennung des Obergermanisch-Raetischen Limes in einer zweiten Stufe für den multinationalen UNESCO-Welterbe-Antrag „Frontiers of the Roman Empire" Berücksichtigung finden könnte, sind nur wenige römische Baureste erhalten. Die Museen sind hier die einzige Möglichkeit, sich über den Limes zu informieren. In Ostbayern dokumentieren archäologische Museen an den wichtigsten Kastellstandorten (Regensburg, Straubing, Künzing, Passau) bereits jetzt lückenlos die römische Militärgrenze in Raetien. Auch hier kommen zunehmend virtuelle Idealrekonstruktionen zum Einsatz, wie die Beispiele der Museen Straubing und Künzing zeigen.

5.5 Museen und Tourismus

Das Interesse der Öffentlichkeit für den Limes und die provinzialrömische Kultur ist in der Regel stark lokal geprägt. Die Museen vor Ort, besonders die Ebene der „regionalen Informationszentren" (siehe oben), sind hier erste Anlaufstellen. Sie ergänzen die im Original erhaltenen Überreste, konservierten Grabungsbefunde oder rekonstruierten Limeswachtürme durch vertiefende Informationen zu Geschichte und Verlauf des Limes sowie zum täglichen Leben an der Nordgrenze des Imperiums.

Römerfeste im Museum wie in Aalen oder auf der Saalburg und Landart-Projekte wie das „Ruffenhofener Kastell in Blüte" oder „Der Limes in Flammen" sind kurzlebige Schlüsselattraktionen, um den Limes in das Bewusstsein der interessierten Öffentlichkeit zu rufen. Sie lenken den Blick schlaglichtartig auf den Limes und erreichen auch Bevölkerungsgruppen, die nicht zu den klassischen Museumsbesuchern zählen. Die Museumsarbeit am Limes kann aber nicht auf einmalige Event-Veranstaltungen reduziert werden. Entscheidend bleiben das inhaltliche und ausstellungstechnische Niveau der musealen Präsentation und die Qualität der Vermittlungsarbeit für unterschiedliche Besuchergruppen.

Die überregionalen Zentralmuseen optimieren mit unterschiedlichen Projekten ihren Freizeit- und Erlebniswert: Im Limesmuseum Aalen wurde das Freigelände hinter dem Museum als archäologischer Park gestaltet. Dazu gehören der teilweise Nachbau einer römischen Reiterbaracke und museumspädagogische Aktionsflächen. In Osterburken wurde neben dem Schutzbau über dem Kastellbad ein musealer Erweiterungsbau realisiert. Auf der Saalburg wird ein archäologischer Park realisiert, zu dem auch rekonstruierte Streifenhäuser im Lagerdorf gehören werden. Die Infrastruktur der Saalburg wurde durch die Erweiterung des Institutsgebäudes, dem Peristylhaus des Kommandanten (praetorium), sowie dem Neubau einer Fabrica verbessert.

Zunehmend werden die Museen auch zu kulturtouristischen Einstiegsportalen. So konzentriert sich der Infopoint Limes in Kipfenberg, Lkr. Eichstätt, auf Informationen zum Limes im Naturpark Altmühltal. Die Verbindung von römischem Kultur- und Naturerlebnis steht im Zentrum verschiedener Initiativen zur Förderung des Kulturtourismus entlang dem Limes. Dazu gehören beispielsweise die Deutsche Limesstraße, der Deutsche Limes-Radweg oder der Limes-Wanderweg. Die Führer zu den Tourismusrouten konzentrieren sich überwiegend auf die Beschreibung des Streckenverlaufes und der ergrabenen oder rekonstruierten Bodendenkmale. Die Museen werden dabei meist nur kurz erwähnt.

Neben diesen überregionalen Tourismusrouten gibt es aber auch lokale Wanderwege, die an die örtlichen Museen als regionale Informationszentren anknüpfen. Dazu gehört beispielsweise der etwa 2 km lange, Limesrundweg in Großkrotzenburg, Main-Kinzig-Kreis (Hessen): Informationstafeln geben hier Auskunft über Einzelthemen wie das Kastell Großkrotzenburg und seine gut erhaltenen Baureste, die Sperranlagen des Limes, die Beneficiarierstation oder die römische Mainbrücke. Für den Taunus bildet der „Limeserlebnispfad Hochtaunus" als Kooperation zwischen Saalburgmuseum und dem Naturpark Hochtaunus das zentrale lokale Gemeinschaftsprojekt.

Der langfristigen touristischen Erschließung des Limes kommt eine besondere Bedeutung zu. Nur durch die Zusammenarbeit aller Beteiligten und gezielte Planung kann ein Ergebnis erreicht werden, das den dauerhaften Schutz des sensiblen Bodendenkmals Limes und das Verständnis für die Anliegen der Archäologie allgemein fördert.

Abb. 14 Ruffenhofen, Lkr. Ansbach. Bepflanzter Kastellgrundriss im September 2004.

6. DER VERBAND DER LIMES-CICERONES

Von Manfred Baumgärtner und Steffen Felger

DER LIMES ALS UNESCO-WELTERBE

Abb. 1 Mit „echten" Römern macht der Schulausflug doppelten Spaß. Jens Brückner mit Schülern im Welzheimer Ostkastell.

6.1 Zungenfertige Kompetenz

Geschichte soll langweilig sein? Römische Geschichte ist spannend wie ein Krimi, unterhaltsam wie Asterix und macht Lust auf mehr. Das beweisen die Limes-Cicerones. Die aus Denkmalpflege und Touristik fundiert ausgebildeten Gästeführer kennen die archäologischen Befunde und die provinzialrömische Geschichte und vermitteln sie kundig und anschaulich. Fundiertes Wissen über Geologie, Flora und Fauna am Obergermanisch-Raetischen Limes ist als Rüstzeug für interessierte Nachfragen ebenfalls unverzichtbar. Mit ihren ausgezeichneten Kenntnissen der Museen und Gastwirtschaften am Limes unterstützen sie die Vorbereitung maßgeschneiderter Gruppenangebote. Die Limes-Cicerones tauchen mit ihren Gästen am UNESCO-Welterbe aus der Gegenwart ein in die römische Vergangenheit – kompetent, lebendig und verständlich. Sie kennen die einstige Grenzlinie wie ihre Westentasche und lassen hier die Zeit der römischen Auxiliartruppen in der germanisch-keltischen Barbarei lebendig werden.

Der Name „Cicerone" stellt eine historische Brücke zum Römischen Reich her, denn als Cicerone wurden früher zungenfertige Fremdenführer bezeichnet, die wegen ihrer Beredsamkeit scherzhaft mit Marcus Tullius Cicero (römischer Redner, Politiker und Schriftsteller aus dem 1. Jh. v. Chr.) verglichen wurden.

Ende Januar 2005 gründete sich der Verband der Limes-Cicerones. Seit 2004 die Idee mit den Limes-Cicerones entstanden war, kristallisierte sich rasch und deutlich die Zielsetzung heraus: Mithilfe von Landkreisen, des Archäologischen Landesmuseums Baden-Württemberg sowie des Landesamtes für Denkmalpflege sollten fachlich und didaktisch qualifizierte Limes-Gästeführer ausgebildet werden, um vor Ort historisches Wissen auf ansprechende Weise vermitteln zu können. Dieses Ziel wurde erreicht.

Rems-Murr-Kreis, Ostalbkreis und Neckar-Odenwald-Kreis boten mit dem Archäologischen Landesmuseum (ALM) von 2004 bis 2006 drei halbjährige, praktisch-theoretische Grundausbildungen an. 2007/2008 fand ein vierter Lehrgang unter der Regie von ALM und VdLC statt. Nach intensiver Schulung in Theorie und Praxis sowie einer anspruchsvollen Abschlussprüfung erhielten bis Frühjahr 2008 knapp 100 Männer und Frauen den begehrten Ausweis, der zum Tragen des inzwischen weit bekannten Titels „Limes-Cicerone" berechtigt.

Die Limes-Cicerones verteilen sich derzeit über die gesamte baden-württembergische Limesstrecke einschließlich des Odenwaldlimes. Jeder Limes-Cicerone bestimmt selbst, wie viel Zeit und Kapital er in seine Angebote investiert, ob er seine Tätigkeit eher ehrenamtlich oder eher kommerziell versteht.

Die Limes-Cicerones sind eine bunt gemischte Truppe: Abiturienten und Ruheständler, Hausfrauen und Wissenschaftler, Archäologen und Ingenieure, ein ehemaliger Bürgermeister und zwei aktive Museumsleiter, ein Goldschmied und ein Forstdirektor, ein Schlossermeister und ein Diplom-Volkswirt, ein Musiker und ein Bekleidungshändler, eine Landschaftspflegerin und noch viele mehr haben im Zeichen der Römer monatelang gebüffelt und dabei zusammengefunden.

Abb. 2 Die Limesstafette: jeden Sonntag im Sommer – Führungen für jedermann. Andreas Schaaf mit seinen Gästen an der Feldwache bei Lorch.

Abb. 3 So eine Überraschung: ein Römischer Soldat am Limes! Der in Teilen nachgebaute Limesturm bei Mönchsroth, Lkr. Ansbach, erinnert an die Zeit nach dem Limesfall.

Abb. 4 Man ist nie zu jung für eine Führung mit den Limes-Cicerones. Michaela Köhler und Torsten Pasler auf Limespatrouille mit der Schnuller-Auxiliar-Kohorte.

Abb. 5 Dass vor 2000 Jahren mitten in Deutschland Römer gelebt haben, fasziniert unsere Gäste. Steffen Felger mit Besuchern am Obergermanischen Limes.

Jeder Cicerone hat individuelle Vorlieben und Stärken, entsprechend gestaltet er seine Führungen. So ergibt sich insgesamt eine breite Palette von Angeboten. Viele legen großen Wert auf historische Kleidung und Ausrüstung und spielen z. B. Szenen aus dem römischen Grenzerleben nach.

Die Cicerones wollen ihren Gästen am Limes etwas bieten, der Event liegt stark im Trend. Zugleich werben sie für einen verantwortungsvollen Umgang mit diesem sensiblen Bodendenkmal.

Die Gruppenführungen der Limes-Cicerones richten sich an den individuellen Wünschen, Erwartungen und Interessen ihrer Gäste aus – von der quicklebendigen Schulklasse bis zum wanderlustigen Seniorenclub. Öffentliche Führungen, Turm- und Kastellwachen, Römerfeste und Vortragsabende ergänzen das Angebot und bieten jedermann vielfältige Gelegenheiten, in die römische Provinzialgeschichte Obergermaniens und Rätiens hineinzuschnuppern. Führungen entlang eines Flächendenkmals bedürfen sehr sorgfältiger Vorbereitung. Deshalb erheben die Limes-Cicerones für ihre Veranstaltungen einen von den Landkreisen vorgeschlagenen und je nach Dauer gestaffelten Unkostenbeitrag.

Regelmäßige Weiterbildungen durch das Archäologische Landesmuseum und der persönliche Erfahrungsaustausch untereinander garantieren auch für die Zukunft die hohe Qualität der Angebote. Als leistungsfähiger Kommunikationskanal zwischen den öffentlichen Stellen und den einzelnen Cicerones fungiert der als gemeinnützig anerkannte Verband der Limes-Cicerones e.V. (VdLC), Mögglingen, der von den Cicerones in Eigenregie gegründet wurde.

Bei den öffentlichen Institutionen und auch in der freien Wirtschaft erfuhr diese Initiative vom Start weg eine sehr positive Resonanz. Gerade die öffentlichen Institutio-

Abb. 6 Römische Landvermessung in der Praxis. Georg V. Zemanek vermisst mit seinen Gästen das Kastell Freimühle bei Schwäbisch Gmünd.

nen, die im Beirat des Verbands vertreten sind, wünschten einen Ansprechpartner. Mit den Vorstandsmitgliedern Dr. Manfred Baumgärtner (Mögglingen), Steffen Felger (Obersulm), Rainer Miksch (Osterburken), Siegfried Häfele (Murrhardt) und Susanne Grimm (Rosenberg) bietet der VdLC auf Verbandsebene limesweit kompetente Ansprechpartner.

Im Rahmen der Verbandsaktivitäten sind die VdLC-Mitglieder ehrenamtlich tätig: Der Vorstand koordiniert bereits seit 2005 regelmäßige ehrenamtliche Turm- und Kastellwachen durch die VdLC-Mitglieder in Großerlach-Grab, Welzheim und Lorch, historisierende Saisonauftaktveranstaltungen in Osterburken und Rainau, alljährlich von Juni bis Oktober jeden Sonntag Etappenwanderungen im Rahmen der Limesstafette, Mehrtageswanderungen in enger Zusammenarbeit mit der Landeszentrale für politische Bildung Baden-Württemberg sowie eine vielfältige Vortragsreihe zu römischen Themen in Mainhardt. Schließlich koordiniert der VdLC-Vorstand die gelegentlich bei Notgrabungen durch die Denkmalverwaltung angefragten ehrenamtlichen Einsätze von VdLC-Mitgliedern sowie deren Mitwirkung als Blickfang bei Messen, Festen und Umzügen.

Nachdem die Gründungsmitglieder im Februar 2005 aus ihrer Mitte den amtierenden Vorstand gewählt hatten, zeigte sich schnell, dass der VdLC damit einen robusten Motor mit einem kräftigen Drehmoment erhalten hatte, der schnell auf Touren kam. Mit nur wenigen Euro Kapital aus den Mitgliedsbeiträgen, dafür aber ungezählten ehrenamtlichen Stunden kommunizierte der VdLC mit dem Claim „Die Auxiliartruppen der Denkmalpflege" in kürzester Zeit eine öffentlichkeitswirksame Medienkampagne.

Ein gutes Beispiel für das große Engagement, das von den VdLC-Mitgliedern abgerufen werden kann, ist der Aktionstag „Am

DER LIMES ALS UNESCO-WELTERBE

Abb. 7 Auf Nachtpatrouille. Diese unterhaltsame Mischung aus kurzen Erklärungen und Spielszenen ist zum Publikumsmagneten geworden.

Limes grenzenlos!" Die faszinierende Idee eines Limes-Cicerones, wurde unter der Regie der Landkreise vorbereitet. Waren anfangs Veranstaltungen nur für eine kleinere Limesteilstrecke angedacht, so kamen in kürzester Zeit fast alle Limeskommunen in Baden-Württemberg hinzu. Als verbindende Klammer garantierten die Cicerones von Walldürn bis Ellwangen gleiche Angebotsqualität.

6.2 Zielsetzung des Verbands der Limes-Cicerones

- Die Limes-Cicerones sind von Experten aus Denkmalpflege und Touristik hervorragend ausgebildet worden. Nun führen sie ihre Mitbürger und Gäste der Region zu den bedeutendsten Stätten des römischen Kulturerbes. Deshalb lautet eines der wichtigsten Verbandsziele, die Bewohner und Besucher der einstigen römisch-germanischen Grenzregion kundig und unterhaltsam zugleich über das römische Erbe zu informieren.
- Der Verein vertritt die Interessen der Limes-Cicerones als Gästeführer gegenüber Kommunen, öffentlichen Einrichtungen, Verbänden, Firmen usw.
- Die Limes-Cicerones haben dazu beigetragen, den Limes als topografisch sehr ausgedehntes Kulturdenkmal nachhaltig zu einer attraktiven Visitenkarte für die Region zu entwickeln. Durch Imagebildung, Wertschöpfung und Teilhabe an EU-LEADER-Programmen profitieren davon inzwischen Kommunen, Wirtschaft und Bevölkerung.
- Die Limes-Cicerones sind ein kompetenter Ansprechpartner für alle, die sich für den Erhalt des Kulturdenkmals Limes sowie das römische Kulturgut einsetzen.
- Aufbauend auf der wissenschaftlichen Vorarbeit der Limeskommission und den bereits angelaufenen Marketingmaßnahmen der öffentlichen Hand, stehen die Limes-Cicerones nun, nach der Aufnahme des Obergermanisch-rätischen Limes in die Weltkulturerbeliste der UNESCO, als Auxiliartruppe der Denkmalpflege an vorderster Front. Dabei können sie auf das entlang des Limes bereits Geleistete aufbauen: In den Museen etwa und an Rekonstruktionen entlang des Limes.
- Um den hohen Anspruch an die Limes-Cicerones zu erfüllen, fördert der Verein die Fortbildung und Qualifizierung der Mitglieder. So können persönliche Mitglieder nur Personen werden, die vor der Prüfungskommission des Archäologischen Landesmuseums die Prüfung zum Limes-Cicerone mit Erfolg abgelegt haben und bereit sind, sich ständig weiterzubilden.
- Die Limes-Cicerones sind bei der touristischen Entwicklung der Region ein wichtiger Erfolgsfaktor. Die Tourismusförderer und Denkmalschützer haben das Potenzial, das durch die Gründung des Verbands der Limes-Cicerones entstanden ist, erkannt. Neben dem Verein Deutsche Limesstraße e.V. als Marketingorganisation der am Obergermanisch-Raetischen Limes gelegenen Kommunen konnten auch die touristischen Anlaufstellen der Städte und Gemeinden als Vermittlungsstellen für die Führungsangebote des Verbands gewonnen werden.

Abb. 8 Einer der schönsten Abschnitte am Raetischen Limes. Katja Baumgärtner mit ihren Gästen im Grubenholz bei Mögglingen.

Der Verband der Limes-Cicerones ist in alle Richtungen an der Zusammenarbeit mit Verbänden, Vereinen, Museen, Unternehmen, Landkreisen usw. interessiert. Für den Beirat des Vereins konnten Vertreter der Landkreise sowie das Regierungspräsidium Stuttgart – Landesamt für Denkmalpflege –, das Archäologische Landesmuseum Baden-Württemberg, die Deutschen Limeskommission und der Verein Deutsche Limesstraße gewonnen werden. Diese Unterstützung ermöglicht es erst, dass der Verband seinen hohen Qualitätsanspruch erfüllen kann.

Abb. 9 Zeitreise mit den Limes-Cicerones. In historischer Kleidung führt Monika Frisch die Besucher durch das Kastellbad von Walldürn.

Abb. 10 Wir machen den Limes lebendig. Die Limes-Cicerones – kompetent und unterhaltsam.

- Die Resonanz bei der privaten Wirtschaft ist eindeutig. Kleinere Betriebe, Hotels, Gaststätten usw. entlang dem Limes arbeiten eng mit Limes-Cicerones zusammen. Großfirmen nutzen das fachliche und organisatorische Knowhow der Cicerones sowie ihre Vertrautheit mit der Region für eigene Veranstaltungen. Solche Firmen und deren Kunden und Gäste sind Multiplikatoren für das Image unserer Region im weltweiten Maßstab. Zu unseren Referenzen zählen inzwischen so unterschiedliche Adressen wie der Südwestrundfunk, die Landeszentrale für politische Bildung, der Verein Deutsche Limesstraße und die Deutsche Limeskommission.

- Der Verband der Limes-Cicerones sieht sich nicht als Wirtschaftsbetrieb, sondern als Organisation, die zum Wohle der Öffentlichkeit und des Erhalts des Kulturerbes arbeitet. Er fördert den Erhalt und die Vermittlung des spätantiken Erbes in unserer Region und arbeitet ohne Gewinnabsicht. Das Finanzamt hat den Verband deshalb auch als gemeinnützig anerkannt.

- Mit gemeinsamen Aktionen machen die Limes-Cicerones immer wieder publikumswirksam und möglichst überregional auf die Region, den Limes und das kulturelle Erbe aus der Römerzeit in den Provinzen Obergermanien und Raetien aufmerksam.

Dass hier, mitten in Deutschland, vor knapp 2000 Jahren Römer gelebt haben fasziniert unsere Gäste. Denn dass hier der Limes verläuft, das weiß fast jeder. Aber dass an diesem Limes viele Menschen lebten und dass wir über sie sehr viel wissen, das überrascht und fasziniert unsere Gäste. Indem wir möglichst alle Sinne ansprechen und in der Sprache der Gäste die Römer wieder zum Leben erwecken, gelingt es uns, den Besuchern den Limes nahe zu bringen. Lehrfahrten für Schulen und Volkshochschulen an den Limes sind eindrucksvoller und lehrreicher als ein Monat Geschichtsunterricht. Mitten im Europa von heute erfahren die Gäste der Limes-Cicerones, dass es schon einmal eine räumlich noch viel ausgedehntere politische Union in Europa und rund um das Mittelmeer gab, in deren Norden für fast zwei Jahrhunderte der Obergermanisch-Raetischen Limes die Grenze zur Barbarei markierte.

Hoffen wir, dass dieses Interesse in der Bevölkerung am UNESCO-Welterbe noch lange anhält und wir noch viele Besucher an unseren Limes führen dürfen. Anfragen und Buchungen:

GESCHÄFTSSTELLE
VERBAND DER LIMES-CICERONES E.V.
AN DER LAUTER 27
73563 MÖGGLINGEN
(0 71 74) 80 59 44
INFO@LIMES-CICERONES.DE
WWW.LIMES-CICERONES.DE

Abb. 11 Ständige Weiterbildung ist uns sehr wichtig. Die Limes-Cicerones nach einer Schulung im Römermuseum Osterburken.

7. DER LIMES ALS KULTURERBE DER WELT

THIEL · DER LIMES ALS KULTURERBE DER WELT

Von Andreas Thiel

7.1 Welterbeliste der UNESCO

Das Kultur- und Naturerbe der Menschheit zu schützen, liegt nicht allein in der Verantwortung eines einzelnen Staates, sondern ist Aufgabe der Völkergemeinschaft. Dies ist das Ziel der UNESCO-Welterbekonvention, die am 16. November 1972 unterzeichnet wurde. Sie ist eines der erfolgreichsten Programme seit der Gründung der Vereinten Nationen. Die Bundesrepublik Deutschland bekennt sich zu den Idealen des Welterbes und anerkennt seine Wichtigkeit für den Schutz dieser Denkmale. Zum Kulturerbe und Naturerbe der Welt zählen mittlerweile (2007) 851 verschiedene Stätten in 141 Staaten der Erde; in Deutschland sind es 32. Zum Weltkulturerbe gehören Baudenkmale, Stadtensembles, Monumente der Technikgeschichte und ganze Kulturlandschaften wie das Mittelrheintal. Doch rein archäologische Fundstätten sind außerhalb der klassischen Mittelmeerwelt auf der Welterbeliste nur sehr spärlich vertreten. Ebenfalls als Welterbe ausgewiesen sind bedeutende Ökosysteme, Zeugnisse der Evolutionsgeschichte, Naturparadiese und Schutzreservate bedrohter Tiere und Pflanzen. In Deutschland ist einzig die Fossillagerstätte der Grube Messel bei Darmstadt als Naturerbe eingetragen.

Freiwilligkeit

Das „Übereinkommen zum Schutz des Kultur- und Naturerbes der Welt" ergänzt nationale Schutzprogramme. Eine materielle Unterstützung durch die Vereinten Nationen ist damit nur in Ausnahmefällen verbunden. Die anmeldende Regierung benennt freiwillig Kultur- und Naturstätten für die UNESCO-Liste. Sie geht damit jedoch die Verpflichtung ein, durch das Ausschöpfen gesetzlicher, technischer und anderer Schutzmaßnahmen im Rahmen ihrer Möglichkeiten Bestand und Wertigkeit des angemeldeten Gutes zu erhalten. Hierfür muss ein überzeugender Erhaltungs- und Entwicklungsplan (Managementplan) vorliegen. Die Verantwortung bleibt daher weiterhin bei den Autoritäten vor Ort, neu ist allerdings die Verpflichtung gegenüber der gesamten Menschheit.

Schutz des Kulturgutes

Neben der Welterbekonvention befassen sich auch zahlreiche andere internationale Übereinkommen mit dem Kulturgüterschutz. Am bekanntesten ist sicherlich die 1954 verabschiedete „Haager Konvention" zum Schutz des Kulturgutes bei bewaffneten Konflikten. Ausgelöst durch zahlreiche spektakuläre Fälle wurden 1970 und 1995 gleich zwei Übereinkommen geschlossen, um den illegalen Handel mit Kulturgut zu bekämpfen. Seit 2001 befasst sich eine eigene Konvention auch mit dem Schutz des Kulturerbes unter Wasser. Doch ohne wirksame nationale Gesetze und den Willen zu ihrer Anwendung bleiben diese Übereinkommen wirkungslos.

Kontakt

UNESCO WORLD HERITAGE CENTRE
7, PLACE DE FONTENOY
75352 PARIS 07 SP
FRANKREICH
INTERNET: WHC.UNESCO.ORG

DEUTSCHE UNESCO-KOMMISSION E.V.
COLMANTSTRASSE 15
53115 BONN
INTERNET: WWW.UNESCO.DE

7.2 Bedeutung des Limes

Der Obergermanisch-Raetische Limes in Deutschland ist Teil des europäischen Kulturerbes und eines der größten archäologischen Denkmale überhaupt. Als künstlich geschaffene Grenzanlage war er zunächst ein technisches Bauwerk von hoher Ingenieurskunst. Er symbolisiert wie kein anderes Denkmal das Aufeinandertreffen der Welt der klassischen Antike mit den Kulturen Mittel- und Nordeuropas und bezeugt gleichzeitig die Verschmelzung weiter Teile Europas in den gemeinsamen Kultur- und Wirtschaftsraum des ehemaligen Römischen Reiches. Der Limes besitzt weltweite Bedeutung als Zeugnis dieser Kulturbewegung aus der das Europäische Mittelalter hervorging und auf der die Moderne basiert.

Als archäologische Stätte liegt der Wert des Obergermanisch-Raetischen Limes gerade auch in seinem unsichtbar im Erdreich erhaltenen historischen Potenzial.

Andere römische Grenzanlagen

Rund 500 Jahre lang schützten befestigte Grenzanlagen das römische Weltreich in

Abb. 1 Hadrian's Wall in Nordengland. Als römische Grenzbefestigung mit eindeutig wehrhaftem Charakter wurde er bereits 1987 in die Liste der Welterbestätten aufgenommen.

94 DER LIMES ALS UNESCO-WELTERBE

Europa, Asien und Afrika. Dementsprechend vielfältig und ausgedehnt sind die erhaltenen Denkmale dieser Epoche in Deutschland. Am bekanntesten sind sicherlich der Odenwaldlimes oder die zahllosen Wehranlagen an den einstigen Flussgrenzen des Römischen Reiches, wie Rhein, Neckar und Donau. Der wesentliche Unterschied des Obergermanisch-Raetischen Limes ist jedoch seine konsequente Ausführung als durchgehend künstliche Demarkationslinie. Daher beschränkt sich das Welterbe auf diese äußerste Limeslinie, die die weiteste Ausdehnung der römischen Provinzen in Mitteleuropa markiert.

7.3. Das Welterbe: Grenzen des Römischen Reiches

Der deutsche Antrag ist abschließend als Ergänzungsantrag zum bestehenden Weltkulturerbe Hadrian's Wall in Nordengland formuliert worden, der seit 1987 als Welterbestätte anerkannt war. Die römischen Grenzabschnitte in England und in Deutsch-

Nr.	Ort	Region	Nr.	Ort	Region	Nr.	Ort	Region
1	Niederbieber	Rheinland-Pfalz / Obergerm. Limes 75 km	27	Stockstadt	Bayern / Obergerm. Limes 49 km	49	Ruffenhofen	Bayern / Raetischer Limes 109 km
2	Heddesdorf		28	Niedernberg		50	Dambach	
3	Niederberg		29	Obernburg		51	Gnotzheim	
4	Arzbach		30	Wörth		52	Gunzenhausen	
5	Bad Ems		31	Trennfurt		53	Theilenhofen	
6	Marienfels		32	Miltenberg Altstadt		54	Ellingen	
7	Hunzel		33	Miltenberg Ost		55	Weißenburg	
8	Holzhausen		34	Walldürn	Baden-Württemberg / Obergerm. Limes 101 km	56	Burgsalach / Oberhochstatt	
9	Kemel	Hessen / Obergerm. Limes 153 km	35	Osterburken		57	Böhming	
10	Zugmantel		36	Jagsthausen		58	Pfünz	
11	Heftrich		37	Öhringen Bürg		59	Kösching	
12	Kleiner Feldberg		38	Öhringen Rendel		60	Pförring	
13	Saalburg		39	Mainhardt		61	Eining	
14	Kapersburg		40	Murrhardt				
15	Friedberg		41	Welzheim West				
16	Langenhain		42	Welzheim Ost				
17	Butzbach		43	Lorch				
18	Arnsburg		44	Schirenhof	Baden-Württemb. / Raet. Limes 63 km			
19	Inheiden		45	Unterböbingen				
20	Echzell		46	Aalen				
21	Oberflorstadt		47	Rainau - Buch				
22	Altenstadt		48	Halheim				
23	Marköbel							
24	Rückingen							
25	Groß-Krotzenburg							
26	Seligenstadt							

ORL 550 km
Obergermanien 383 km
Raetien 167 km

	Strecken-Kilometer	Anteil in Prozent
Rheinland-Pfalz	75 km	13,6 %
Hessen	143 km	27,8 %
	10 km Main	
Bayern	42 km Main	28,7 %
	116 km	
Baden-Württemb.	164 km	29,8 %

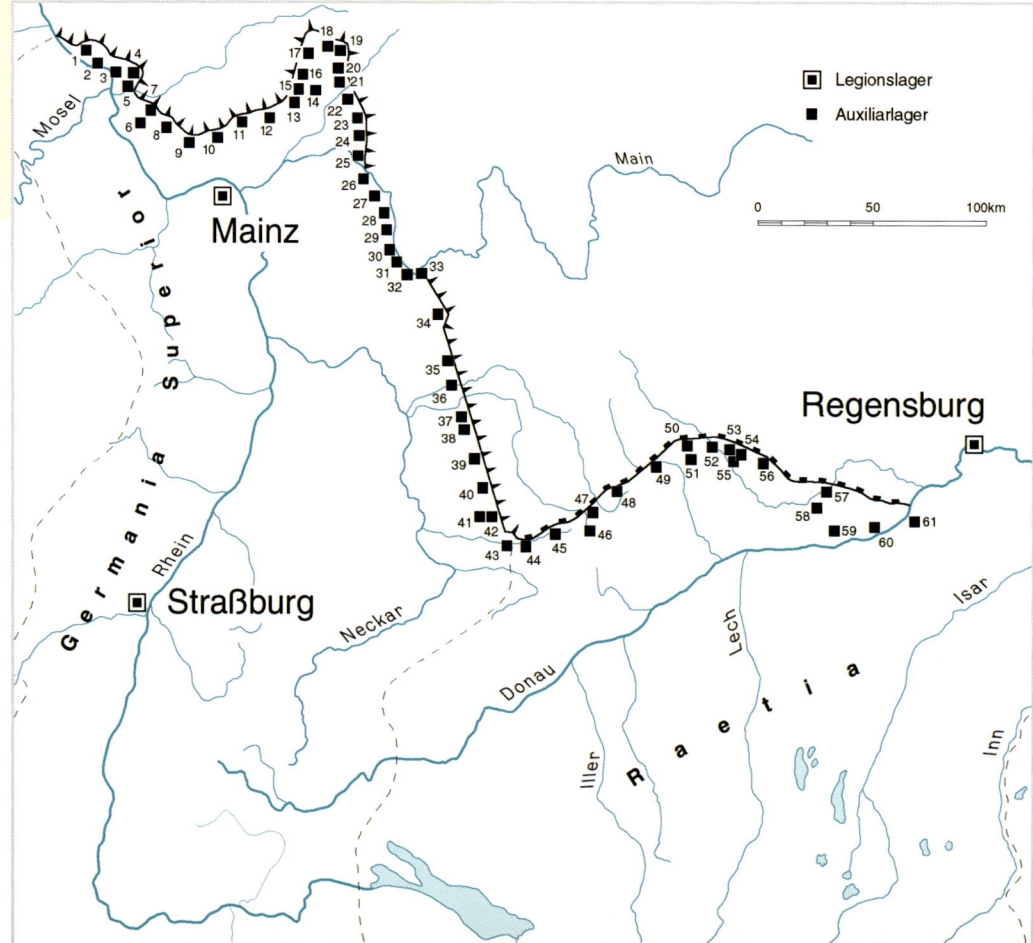

Abb. 2 + 3 Größere Kastellplätze und Verteilung der Strecken entlang dem Obergermanisch-Raetischen Limes (ORL).

land bilden damit die ersten beiden Bestandteile eines gemeinsamen, transnationalen Welterbes. Aber auch in anderen europäischen Staaten besteht Interesse, die jeweiligen Abschnitte der römischen Grenzanlagen in das Weltkulturerbe eintragen zu lassen. Bereits Mitte 2008 wird das Welterbekomitee voraussichtlich über einen Antrag Schottlands entscheiden, den Antoninus Wall, die nördlichste Grenze des Römischen Reiches, auf die Welterbeliste zu setzen. Vorarbeiten für eigene Anträge laufen gegenwärtig auch in Kroatien, Österreich, der Slowakei und Ungarn. Damit erscheint ein durchgehendes Weltkulturerbe „Grenzen des Römischen Reiches" zwischen Nordsee und Schwarzem Meer greifbar, das zunächst bis zu einem Dutzend europäischer Staaten vereinen kann. Mittelfristig lässt sich durch die Einbeziehung der einstigen römischen Grenzanlagen im Nahen Osten und in Nordafrika ein Welterbe schaffen, das sich kontinuierlich durch drei Kontinente erstreckt.

7.4 Schutzmechanismen

Das Welterbe begründet keinen zusätzlichen legislativen Schutz. Eine „Lex Limes" kann und wird es daher nicht geben. Vielmehr müssen die beteiligten Landesämter für Denkmalpflege versuchen, mit den jeweils bestehenden gesetzlichen Mitteln einen hinreichenden Schutz zu gewährleisten.

Denkmalbegriff und Schutzzone

Alle Reste von Palisade, Graben, Wall beziehungsweise Mauer, die Limestürme und Kleinkastelle aber auch Kastelle sind, soweit sie erhalten waren, Bestandteile des Welterbes geworden. Ebenfalls mit aufgenommen wurden die begleitenden Straßenzüge und die Zivilsiedlungen rings um die Kastellorte, dort wo sie „sicher lokalisiert und unzerstört" sind. Damit umfasst das Denkmal „Limes" insgesamt ca. 120 kleinere und größere Kastelle, knapp 900 Wachttürme und entlang der eigentlichen Wehranlagen eine Strecke von 550 km Länge und 30 m bis 60 m Breite. Die Größe des Welterbes beträgt damit zusammengenommen rund 35 km².

Gemäß den UNESCO-Richtlinien muss auch der Außenbereich rings um den Limes geschützt werden. Eine „Pufferzone" begleitet daher den Limesverlauf zu beiden Seiten und umgibt die Kastellareale. Ihre Ausdehnung ist jeweils an die lokalen Gegebenheiten angepasst: In Bereichen, in denen das Denkmal zerstört ist, konnte auf ihre Ausweisung ganz verzichtet werden, dort, wo der Limes noch unangefochten als landschaftsprägendes Element erhalten ist oder wo sich archäologische Verdachtsflächen befinden, war eine bis zu mehreren 100 m breite Schutzzone notwendig. Die Abmessung des Areals

Abb. 4 + 5 Osterburken. Die gleiche Ansicht mit einem Abstand von 100 Jahren. Zur Zeit der Reichs-Limeskommission war das Areal der beiden Limeskastelle in der Bildmitte noch unbebaut. Heute umrahmen Wohnhäuser den Platz auf drei Seiten; das hangaufwärts gelegene „Annexkastell" blieb in einem kleinen Stadtpark erhalten.

Abb. 6 Jeden Tag wird in Deutschland eine Fläche von 120 ha Größe durch Verkehrswege oder Siedlungen versiegelt. In geschichtsträchtigen Regionen, wie hier im Mittleren Neckarland, bedeutet das eine enorme Herausforderung für die Bodendenkmalpflege.

bestimmten technische Untersuchungen ebenso wie der optische Eindruck. Innerhalb der Schutzzone sind alle Vorhaben mit dem Denkmalschutz abzustimmen.

7.5 Entwicklung und Management

Zusammen mit der Aufnahme des Limes in das Weltkulturerbe billigte das Welterbekomitee der UNESCO den gleichzeitig vorgelegten Managementplan zum Obergermanisch-Raetischen Limes. Dieses generelle Schutz- und Entwicklungskonzept zeigt Strategien auf, die langfristig eine angemessene Betreuung sicherstellen. In jedem der vier beteiligten Länder, Baden-Württemberg, Bayern, Hessen und Rheinland-Pfalz, wurden aus diesem Management Plan länderspezifische Limesentwicklungspläne erarbeitet. Sie zeigen auf lokaler Ebene Maßnahmen auf, wie kurz- und mittelfristig Schutz, Erforschung aber auch touristische Präsentation des Limes verbessert werden können. Allen Kreisen und Kommunen entlang dem Welterbe gingen Ausfertigungen dieser Detailpläne zu.

Die Schutz- und Entwicklungskonzepte sollen:

1. nach Möglichkeiten suchen, alle kommenden Veränderungen zum Nutzen des Limes und seines Umfeldes zu steuern, und so seinen Bestand für zukünftige Generationen sichern.
2. den generellen Charakter des Ortes erhalten und historische Zusammenhänge reaktivieren.
3. durch zukunftsorientierte und integrierende Entwicklungsmöglichkeiten die Vitalität der unterschiedlichen Landschaften am Limes erhalten.
4. öffentliche und private Ressourcen ausschöpfen, um den Schutz und die Entwicklung der Landschaften am Limes zu verbessern.
5. nach Möglichkeiten suchen, die sensibelsten Bereiche und Orte von modernen Bauten oder landwirtschaftlicher Nutzung zu befreien.
6. in der Öffentlichkeit Verständnis entwickeln für den archäologischen und historischen Wert der einzelnen Plätze ebenso wie des gesamten Limes.
7. die Erfahrbarkeit des Limes hinsichtlich seines Erscheinungsbildes und der Vermittlung in Medien und Bildung verbessern.
8. die Zugangsmöglichkeiten für Besucher zum und entlang dem Limes verbessern.
9. sicherstellen, dass sich die ökonomischen Vorteile des Tourismus am Limes zum Vorteil der vor Ort lebenden Anwohner vergrößern.
10. versuchen Partnerschaft und Übereinstimmung unter denjenigen zu entwickeln, die sich öffentlich oder privat mit dem Limes und seiner Umgebung befassen.

7.6 Langfristige Pflege des Limes

Auch nach der Aufnahme eines so komplexen Denkmals wie dem Limes in die Liste der Welterbestätten endet die Arbeit nicht. Langzeitstudien müssen helfen, mögliche Probleme zu erkennen, bevor sie zu einer kritischen Bedrohung werden können. Ein eigenes Programm des Welterbekomitees soll den fortlaufenden

Abb. 7 Wo der Limesverlauf einen wesentlichen Bestandteil der Kulturlandschaft bildet, wie hier nördlich von Welzheim, müssen sein Erhalt und seine Erfahrbarkeit auch langfristig sichergestellt sein.

Schutz der Denkmale sicherstellen. Alle fünf Jahre finden hierzu systematische Überprüfungen der Denkmale auf der Welterbeliste statt. Auch die Limesentwicklungspläne und der Managementplan sind fortzuschreiben.

Der Limes ist insofern beispielhaft für alle Bodendenkmale, da er allein aufgrund seiner Ausdehnung alle Arten von Kulturlandschaften durchläuft und Gefährdungen jeder Art ausgesetzt ist. Probleme und Gefahren, denen der Limes ausgesetzt ist, sind Probleme und Gefahren aller archäologischen Stätten. Die Existenz des „Welterbes Limes" lenkt damit die Aufmerksamkeit auf die Pflege des gesamten archäologischen Erbes in Deutschland.

Die Aufnahme des Limes in die Welterbeliste stellt alle für den Kulturgüterschutz Verantwortlichen vor eine gemeinsame, anspruchsvolle Aufgabe. Am Beispiel Limes

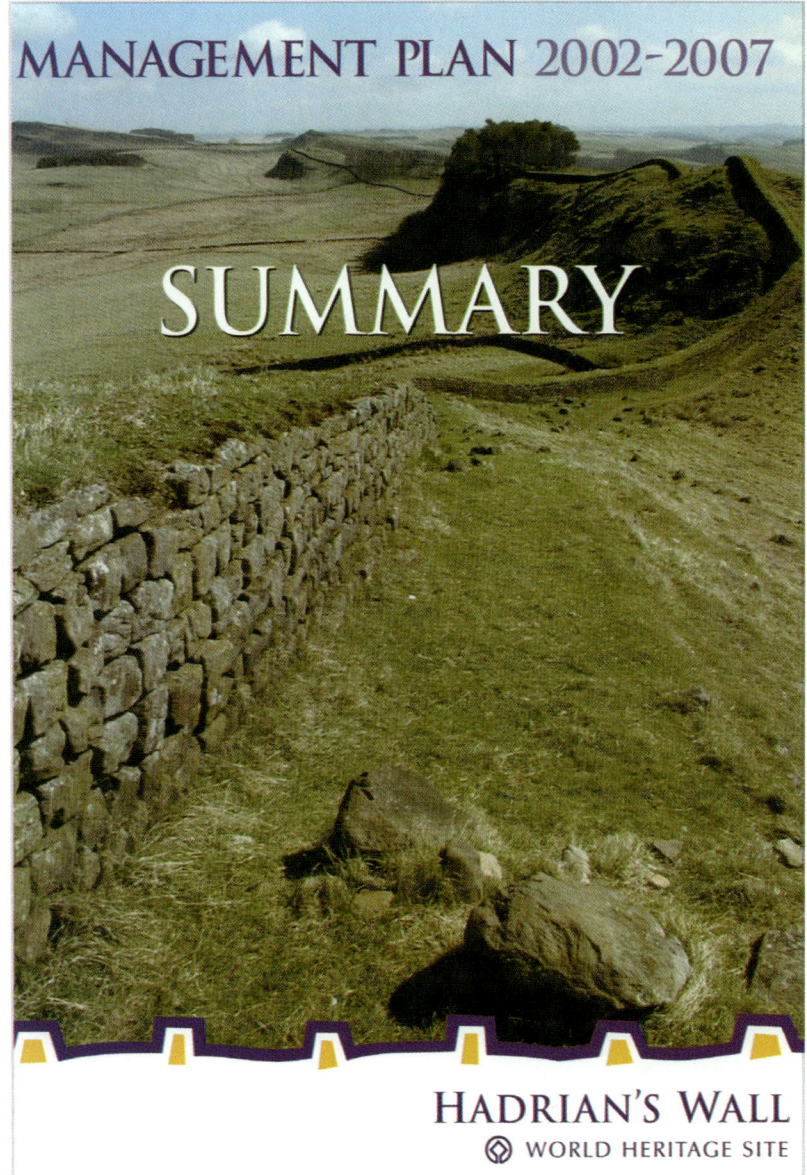

Abb. 8 Trotz Unterschieden in den Normen und Traditionen des Denkmalschutzes verbindet den Hadrian's Wall und den Obergermanisch-Raetischen Limes eine gemeinsame Philosophie für den künftigen Umgang mit dem Welterbe.

soll künftig gezeigt werden, welche Möglichkeiten und welcher Stellenwert der Archäologie in Deutschland zukommen. Die Denkmalpflege hat die perfekte Lösung konservatorischer Probleme anzustreben. Der Einzelne ist aufgefordert zu zeigen, was bürgerschaftliches Engagement am Beginn des 21. Jh. zu leisten vermag.

7.7 Ansprechpartner

Um zukünftig einheitliche Standards für die erfolgreiche Pflege und Entwicklung des Limes zu gewährleisten gründeten Baden-Württemberg, Bayern, Hessen und Rhienland-Pfalz im Jahr 2003 die „Deutsche Limeskommission". Sie besteht aus Vertretern der zuständigen Ministerien, der Landesämter für Denkmalpflege, des Vereins „Deutsche Limes-Straße e.V.", der Hochschulen, der Museen und der Römisch-Germanischen Kommission. Seit 2005 gehört auch Nordrhein-Westfalen als assoziiertes Mitglied diesem Gremium an.

Die Deutsche Limeskommission ist Ansprechpartner für alle Aktivitäten zu Schutz, Erforschung und Präsentation des Obergermanisch-Raetischen Limes. Im Zusammenhang mit dem UNESCO-Welterbe soll ihre Arbeit mit dazu beitragen, internationale Standards in Pflege und Management von Deutschlands größtem und bekanntestem archäologischen Denkmal sicherzustellen. Hierzu zählen Empfehlungen für die Präsentation der einzelnen Bestandteile des Limes, Beratung bei allen Vorhaben zur Vermittlung in der Öffentlichkeit, Koordinierung und Durchführung von Forschungsprojekten sowie das Bereitstellen von Fachinformationen innerhalb einer Limesdatenbank.

Die Geschäftsstelle der Deutschen Limeskommission befindet sich am Römerkastell Saalburg in 61350 Bad Homburg v.d.H.

E-MAIL: GESCHAEFTSSTELLE@DEUTSCHE-LIMESKOMMISSION.DE
INTERNET: WWW.DEUTSCHE-LIMESKOMMISSION.DE

Die Landesämter für Denkmalpflege in Baden-Württemberg, Bayern, Hessen und Rheinland-Pfalz beschäftigen eigene Limesbeauftragte. Diese sind über die jeweiligen Dienststellen erreichbar:

BAYERISCHES LANDESAMT FÜR DENKMALPFLEGE
ABTEILUNG BODENDENKMALPFLEGE
HOFGRABEN 4 – ALTE MÜNZE
80539 MÜNCHEN

GENERALDIREKTION KULTURELLES ERBE
DIREKTION ARCHÄOLOGIE
NIEDERBERGER HÖHE 1
56077 KOBLENZ

LANDESAMT FÜR DENKMALPFLEGE HESSEN
ABT. ARCHÄOLOGISCHE UND PALÄONTOLOGISCHE DENKMALPFLEGE
SCHLOSS BIEBRICH – OSTFLÜGEL
65203 WIESBADEN

REGIERUNGSPRÄSIDIUM STUTTGART
LANDESAMT FÜR DENKMALPFLEGE
BERLINER STR. 12
73728 ESSLINGEN AM NECKAR

Abb. 9 An einem Kastellplatz wie *Abusina* – Eining, Lkr. Kelheim, der bereits auf eine rund 100-jährige Tradition in Erforschung und Präsentation zurückblicken kann, gilt es, modernes Denkmalmanagement umzusetzen, ohne den Charakter des Ortes zu beeinträchtigen.

ANHANG

Obergermanisch-Raetischer Limes
MANAGEMENTPLAN

In Form eines Rahmenwerkes gibt der Managementplan Möglichkeiten und Ziele für den Umgang mit dem Welterbe vor. Auf seinen Inhalten beruhen die Limesentwicklungspläne der einzelnen Länder, die konkrete Maßnahmen für Schutz, Erschließung und Entwicklung der römischen Grenzanlagen aufzeigen. Als Bestandteil der Welterbenominierung aus dem Jahr 2005 findet eine Umsetzung die Aufmerksamkeit der internationalen Öffentlichkeit.

Überblick

1. Einführung
1.1 Bedeutung des ORL
1.2 Zuständigkeiten
1.3 Selbstverständnis

2. Geltungsbereiche
2.1 Grundlagen
2.2 Empfohlene Grenzen des Denkmals ORL
2.3 Empfohlene Grenzen einer umgebenden Pufferzone

3. Darstellung der inhaltlichen Gültigkeit
3.1 Träger des Managementplans
3.2 Status des Managementplans
3.3 Empfehlung für den Gebrauch
3.4 Überprüfung

4. Notwendigkeiten
4.1 Vorgaben
4.2 Bedrohungen

5. Zielvorstellungen
5.1 Prozess der Bewusstmachung
5.2 Schutz, Erforschung, Fremdenverkehr
5.3 Gewährleisten einer weiteren Entwicklung
5.4 Leitlinien

6. Basis
6.1 Anlage und Pflege einer „Limes-Datenbank"
6.2 Entwicklung eines Forschungskonzeptes zum Limes in Deutschland
6.3 Abstimmung entlang der Römischen Reichsgrenze in Europa
6.4 Möglichkeit zur Information und Einflussnahme durch ein „Limes-Portal"

7. Schutz
7.1 Denkmalbereiche in unbebauten Arealen
7.2 Denkmalbereiche in bebauten Arealen
7.3 Perspektiven für städtische Areale

8. Tourismus
8.1 Bedürfnisse
8.2 Ziele
8.3 Träger
8.4 Mittel

9. Umsetzung
9.1 Beteiligte Institutionen und Personen
9.2 Maßnahmenkatalog und Wege zu seiner Umsetzung
9.3 Koordinierung durch die Deutsche Limeskommission

Beilagen

Überblick

Der Obergermanisch-Raetische Limes des Römischen Reiches (kurz: ORL) ist Deutschlands größtes und bekanntestes archäologisches Denkmal. Seine künstliche, lineare Grenzlinie samt den zugehörigen Wachtposten und Kastellen bildet das Symbol der römischen Epoche Europas zwischen dem 1. und dem 3. Jh. n. Chr. Die weltweit herausragende Bedeutung der ehemaligen Grenzanlagen der antiken römischen Reichsgrenze findet ihren Ausdruck auch durch die Tatsache, dass mit der Hadriansmauer in Großbritannien bereits seit dem Jahr 1987 eines ihrer wesentlichen Elemente in die Welterbeliste der Vereinten Nationen eingetragen ist.

Der ORL durchzieht auf seinem Verlauf durch die heutigen Bundesländer Rheinland-Pfalz, Hessen, Baden-Württemberg und Bayern eine Vielzahl unterschiedlicher Natur- und Siedlungslandschaften. Gleichwohl bestand entlang einer 500 km langen Strecke ursprünglich eine kontinuierlich verlaufende Grenzmarkierung, die als künstliche Trennlinie vielfach keine Rücksicht auf die Naturgegebenheiten nahm. Die häufig schnurgerade Trassierung des ORL ist auch heute noch in weiten Bereichen im Gelände zu verfolgen. Auch der räumliche und funktionale Zusammenhang der einzelnen Bauten mit den zugehörigen Freiflächen ist in wesentlichen Teilen erhalten und vielerorts deutlich ablesbar. Die Reste von Palisade, Graben und Wall beziehungsweise Steinmauer, die Wachtturmstellen und Kastelle, zusammen mit den weiteren archäologisch nachweisbaren Bauten, sind ein hervorragendes Beispiel eines zusammengehörigen Ensembles und von hohem historischem Wert.

Heute berühren die Denkmale des ORL die unterschiedlichsten Interessen einer großen Anzahl von Menschen und Institutionen entlang der ehemaligen Grenzlinie. Anstrengungen für seinen Erhalt als Geschichtszeugnis und seine bessere Erschließung für Besucher vor Ort kollidieren dabei im Einzelfall mit den Notwendigkeiten moderner Siedlungsentwicklung oder der Erschließung und wirtschaftlichen Nutzung unserer Kulturlandschaft. Nicht immer gelang es dabei in der Vergangenheit, Gefahren vom ORL abzuwenden und seinen Bestand für die Erfahrbarkeit einer möglichst breiten Öffentlichkeit wie auch als Objekt wissenschaftlicher Forschung zu sichern.

Dieser Managementplan basiert auf dem Vertrauen darauf, dass ein verbesserter Informationsaustausch entlang dem ORL und seiner unmittelbaren Umgebung die Grundlage darstellt für einen Ausgleich zwischen den Interessen von Denkmalpflege, Forschung und Fremdenverkehr und den Notwendigkeiten derer, die am Limes leben und arbeiten. Im Sinne eines verbindenden Rahmenwerkes enthält der Managementplan konkrete Aussagen für den künftigen Umgang mit dem ORL aber auch Perspektiven für seine langfristige Entwicklung. Sein Ziel ist es, Wege aufzuzeigen, um die vorhandenen Schutzmechanismen zu optimieren und weiterzuentwickeln. Ausgangspunkte hierfür sind Austausch und Abstimmung darüber, wie der ORL langfristig erhalten, weiter erforscht, für die Öffentlichkeit erschlossen und in seinem Erscheinungsbild verbessert werden kann.

1. Einführung

1.1 Bedeutung des ORL

■ 1.1.1 Ausgehend von einer einfachen Wegschneise, bauten insbesondere die Kaiser Hadrian (um 120 n. Chr.) und Antoninus Pius (um 160 n. Chr.) den ORL zu einem System kontinuierlicher Barrieren aus (Palisade, Graben und Wall in Obergermanien – Steinmauer in Raetien). Die Limeslinie war aber weniger ein militärisches Bollwerk, als vielmehr eine überwachte Grenze, an der die Ein- beziehungsweise Ausreise kontrolliert und Waren gehandelt oder verzollt wurden. Bis in die Mitte des 3. Jh. n. Chr. funktionierte dieser geregelte Grenzverkehr, sein Ende kam im Zuge innerrömischer Auseinandersetzungen verbunden mit einer zunehmenden Bedrohung durch die Germanen.

■ 1.1.2 Der ORL bildet den Schlusspunkt der römischen Expansion in Deutschland und verläuft vom Rhein, nördlich von Koblenz, durch Westerwald, Taunus, Wetterau, Odenwald und Schwäbisch-Fränkischen Wald, umfährt das Nördlinger Ries und trifft bei Kehlheim auf der Donau. Diese durchgehende, künstliche Grenzlinie durchzieht damit eine Vielzahl unterschiedlicher Landschaften.

■ 1.1.3 Entlang den ehemaligen römischen Grenzanlagen reihen sich etwa 900 Wachtürme sowie 120 größere und kleinere Truppenlager. Größere Kastelle finden sich sowohl direkt an der Limeslinie selbst, als auch zurückgesetzt im Hinterland. Mit Ausnahme eines 52 km langen Teilbereichs entlang dem Main handelt es sich um eine willkürlich gezogene Landgrenze, deren Überreste vielerorts bis heute im Gelände einprägsam zu verfolgen sind. Insbesondere der kontinuierliche Verlauf der oftmals schnurgeraden Grenzmarkierung machen die Besonderheit des ORL aus.

■ 1.1.4 Auch in nachrömischer Zeit, an einzelnen Orten bis heute, hatte der ORL unterschiedlichen Einfluss auf das Leben der Menschen in seiner Umgebung. Er leistet über Orts- und Flurnamen oder über seine archäologischen Denkmale einen wichtigen Beitrag zur Identifikation. Seine erhaltenen Reste sind Wirtschaftsfaktoren oder Investitionshemmnisse, sie bilden Naturdenkmale, zuweilen erschweren sie die land- und forstwirtschaftliche Nutzung.

■ 1.1.5 Die archäologischen Denkmale des ORL bilden ein authentisches Zeugnis der Geschichte unseres Landes. Sie sind unverzichtbare und unersetzbare Quelle für die historische Forschung.

■ 1.1.6 Der ORL und seine zugehörigen Denkmale sind feste Größen in Leben und Arbeit der Anrainer. Dabei ist eine allmähliche Wandlung seiner Bedeutung festzustellen, die sich in einer zunehmenden öffentlichen Wahrnehmung des einzigartigen Charakters des ORL ausdrückt.

■ 1.1.7 Zu den Besonderheiten des ORL als archäologisches Denkmal gehört vor allem die Tatsache, dass ein größerer Teil (über 40 %) seiner Substanz für das bloße Auge unsichtbar im Erdreich verborgen liegt. Diesem Umstand verdanken die antiken Zeugnisse ihre authentische Erhaltung über annähernd 1800 Jahre. Für die Vermittlung und Erschließung des ORL ergeben sich daraus jedoch besondere Aufgaben.

1.2 Zuständigkeiten

■ 1.2.1 In der Verantwortung der Eigentümer, auf deren Grundstücken sich die einzelnen Limesbestandteile befinden, liegt oftmals bereits seit Generationen der treuhänderische Umgang mit den Resten der

römischen Vergangenheit. Ihnen und den jeweiligen Besitzern und Nutzern der Grundstücke, kommt daher die wichtigste Rolle bei allen Konzepten für die zukünftige Entwicklung des ORL zu.

■ **1.2.2** In der Verantwortung der kommunalen Anrainer liegt die Entscheidung über alle Arten der künftigen Entwicklung (Stichwort: „Planungshoheit") entlang dem ORL. Neben Fragen des Erhalts betrifft dies auch die Erschließung für die Öffentlichkeit. Mit dem Zusammenschluss der überwiegenden Zahl der Städte und Gemeinden im Verein Deutsche Limes-Straße besteht zudem eine eigene Institution insbesondere für die Belange des Fremdenverkehrs entlang dem gesamten ORL.

■ **1.2.3** An der Erschließung des ORL für die Öffentlichkeit sind zahlreiche Institutionen beteiligt. In Zusammenarbeit mit den Fachbehörden der Länder führen Gemeinden, Zweckverbände, Forstbehörden und Naturparks, häufig auch regionale Vereine wie der Taunusclub oder der Schwäbische Albverein, die Anlage von Wanderwegen, die Beschilderung von Einzelobjekten oder die Herausgabe von Informationsschriften durch.

■ **1.2.4** Die Forschung entlang dem ORL und seiner Bestandteile liegt bereits seit Beginn der wissenschaftlichen Archäologie in den Händen von Universitäten, Museen und anderen Forschungseinrichtungen. Ein besonderes Gewicht bei der Durchführung und Auswertung archäologischer Ausgrabungen kommt den Denkmalfachbehörden der Länder zu.

■ **1.2.5** Die Bündelung der verschiedenen Aufgabenbereiche Erhalt, Erschließung und Erforschung des ORL fällt bislang allein in die Zuständigkeit der Denkmalbehörden. Ihr Hauptaugenmerk liegt dabei stets auf dem Schutz des Denkmals. Seine Erforschung und Erschließung dienen hierbei zur Unterstützung.

■ **1.2.6** Mit der im Jahr 2003 erfolgten Gründung der Limeskommission sollen Erhalt, Erforschung und Erschließung des ORL als gleichberechtigte Aufgabenfelder gestärkt werden. Als Ansprechpartner für alle genannten Personen, Institutionen und kommunalen Einrichtungen soll sie in Zukunft den Informationsaustausch verbessern und zu einer Koordinierung der verschiedenen Maßnahmen beitragen.

1.3 Selbstverständnis

■ **1.3.1** Hintergründe dieses Papiers sind der Wunsch und die Absicht, die künftige Pflege, Erforschung und Erschließung des archäologischen Denkmals ORL in einem Fachplan zu definieren und Wege für eine Realisierung aufzuzeigen. Dieser Managementplan wird als Grundlage für weitere Gespräche mit allen Beteiligten entlang des ORL dienen.

■ **1.3.2** Dieser Managementplan verweist auf bestehende Regelungen. Er selbst besitzt jedoch keine Rechtsverbindlichkeit, er institutionalisiert keine neuen Kompetenzen und verändert nichts an den gegenwärtig geltenden Zuständigkeiten.

■ **1.3.3** Allerdings ist beabsichtigt, Elemente dieses Managementplans zur Grundlage neuer Regelungen zu machen, sofern sich dies für den Schutz, die Pflege oder die Entwicklung des ORL als notwendig und sinnvoll erweist.

■ **1.3.4** Dieser Managementplan soll fortgeschrieben und in fünf Jahren eine überarbeitete Fassung erstellt werden. In dieser Zeit ist neben der Weiterentwicklung seiner Inhalte anhand der Erfahrungen am ORL auch ein Erfahrungsaustausch mit denjenigen anzustreben, die andere Elemente der einstigen römischen Reichsgrenze in Europa betreuen.

2. Geltungsbereiche

2.1 Grundlagen

■ **2.1.1** Der ORL ist ein ausgedehntes archäologisches Denkmal, das sich aus einer Vielzahl verschiedener Einzelelemente zusammensetzt. Die Geschichte seiner Entdeckung und seiner Erforschung ist lang und ihre Ergebnisse sind häufig vom Zeitgeist der betreffenden Epoche geprägt. Auch die Ansätze für seinen Erhalt und seine Erschließung für die Öffentlichkeit sind vielfältig und von unterschiedlicher Qualität. Dies alles führt dazu, dass sich der heutige Zustand des Denkmals von Ort zu Ort und von Objekt zu Objekt stark unterscheidet.

■ **2.1.2** Aus denkmalrechtlichen Gründen, aus wissenschaftlicher Notwendigkeit sowie aus dem Interesse von Grundeigentümern und Planungsbehörden, der Bevölkerung vor Ort und der Besucher ist zunächst eine klare Definition und Lokalisierung des Denkmalbestandes am ORL anzustreben.

■ **2.1.3** Als Komplex militärischer Stätten bildet der ORL ein zusammengehöriges Denkmal. Allerdings befinden sich seine Einzelelemente in ganz unterschiedlichen Umgebungen. Sie liegen in Waldgebieten, agrarisch genutzten Landschaften, Randlagen von Industrie-, Siedlungs- und Verkehrsflächen oder auch in dicht bebauten Ortschaften.

■ **2.1.4** Als authentischer historischer Ort liefert der ORL eine direkte Verbindung zur Geschichte. Daher bestanden und bestehen überall entlang der einstigen römischen Grenzlinie starke Interessen für Forschung, Wissenschaft und Bildung. Viele Fragen an das Denkmal und seine historische Bedeutung sind noch offen.

■ **2.1.5** Sein bis heute festzustellender Effekt auf die ihn umgebende Landschaft begründet in Verbindung mit einer vielerorts landschaftlich reizvollen Lage ferner ein hohes Potenzial für die Freizeitgestaltung. Gleichzeitig bestehen entlang dem ORL auch enge Verbindungen zum Landschafts- und Naturschutz.

■ **2.1.6** Die stärksten Beziehungen zwischen den archäologischen Stätten und der

umgebenden Landschaft bestehen dort, wo die Reste des ORL obertägig erfahrbar sind. Hier ist es daher besonders wichtig, Sichtbeziehungen zu definieren. Es gilt diese zu erhalten, zu verstärken oder zu reaktivieren.

■ **2.1.7** Überwiegend ist der ORL zwar als archäologisches Denkmal erhalten und seine Lage bekannt, jedoch ist er obertägig nicht erfahrbar. In solchen Bereichen sind Anstrengungen zu unternehmen, um die römischen Reste wieder sichtbar zu machen (z. B. Markierungen oder Bepflanzungen). Dies dient der besseren Erschließung für Besucher, gleichzeitig ist mit solchen Maßnahmen ein Schutzgedanke zu verfolgen.

■ **2.1.8** In bebauten Arealen wird ein anderer Ansatz verfolgt. Die seit dem Mittelalter einsetzende Siedlungsentwicklung unterbrach vielerorts die Beziehungen zwischen den römischen Plätzen und der umgebenden Landschaft. Dies erschwert in geschlossenen Ortsbereichen häufig ein Auffinden der archäologischen Reste und ihre Definition.

■ **2.1.9** In Ortslagen ist es daher insbesondere notwendig, die bekannten und sicher lokalisierten Elemente des ORL zu schützen. Sämtliche Areale, in denen noch Denkmalsubstanz vorhanden sein könnte, sind in einem archäologischen Kataster zu lokalisieren, um ihren Schutz oder ihre Erforschung zu gestatten.

■ **2.1.10** In bebauten Arealen ist eine Abstimmung mit der Siedlungsplanung auch deshalb notwendig, damit römische Bauachsen erhalten oder gegebenenfalls wiederhergestellt werden können, die im historisch gewachsenen Grundriss des heutigen Siedlungsbildes noch ablesbar sind.

2.2 Empfohlene Grenzen des Denkmals ORL

■ **2.2.1** Die hier vorgestellten Konzepte und Perspektiven gelten für alle archäologischen Stätten, die als Bestandteile des ORL definiert sind, oder es noch werden.

■ **2.2.2** Zum Gesamtbestand des Denkmals ORL zählen die Hauptelemente der Sperr- und Wachanlagen entlang der Grenzlinie: Graben, Wall, Mauerzüge, Stein- oder Holzturmstellen, Kleinkastelle u. a., sowie die rund 60 größeren Militärlager entlang der Grenzlinie einschließlich ihrer Stein- und Holzkastelle, Zivilsiedlungen, Gräberfelder und Straßen.

■ **2.2.3** Ausdrücklich soll hier auf die Zugehörigkeit auch derjenigen Kastellplätze zum ORL verwiesen werden, die einige Kilometer von der eigentlichen Grenzlinie abgerückt liegen, aber zeitgleich mit den Sperranlagen bestanden. Sie gehören in das strategische Konzept des ORL, da zwischen ihnen und der Limeslinie ein funktionaler Zusammenhang bestand.

■ **2.2.4** Die Ausweisung des durch gesetzliche Regelungen besonders geschützten Denkmalbereichs des ORL erfolgt parzellengenau und wird in entsprechend detaillierten Karten ablesbar sein. Diese wichtige Grundlage für alle späteren Maßnahmen wurde in den Jahren 2001 und 2002 entlang dem gesamten ORL geschaffen (vgl. Kartendarstellung der Limesdatenbank, Anlage C).

■ **2.2.5** Auch außerhalb des vorgesehenen Denkmalbereichs des ORL können Belange der Archäologie, des Natur- und Landschaftsschutzes, der Wissenschaft oder des Fremdenverkehrs betroffen sein.

■ **2.2.6** Durch den Fortschritt der archäologischen Prospektion und ihrer Methoden sowie die allgemeine Erweiterung der wissenschaftlichen Basis besteht die Notwendigkeit, die Ausdehnung der einzelnen Denkmalzonen ständig zu überprüfen und neu festzulegen. Dies kann dazu führen, sie zu vergrößern oder zu reduzieren.

■ **2.2.7** Auch solche Areale, in denen die Denkmalsubstanz zerstört ist, sollten in allen Darstellungen nachrichtlich übernommen werden, um die historischen Zusammenhänge verständlich bleiben zu lassen.

2.3 Empfohlene Grenzen einer umgebenden Pufferzone

■ **2.3.1** Die bekannten römischen Denkmale sind eigene und eingetragene Elemente des ORL. Ein Teil der hier vorgestellten Konzepte gilt auch für das Umfeld der römischen Stätten, die als Einzelbestandteile des ORL definiert sind. Sie sollen im Sinne einer Pufferzone verstanden werden.

■ **2.3.2** Solche Pufferzonen dienen dem Zweck, unangemessene Entwicklungen unmittelbar am Denkmal oder in seiner Umgebung aufzufangen. Daher ist auch ihre Einbindung in lokale Planungen erforderlich.

■ **2.3.3** Pufferzonen am ORL sind zunächst vor allem dort sinnvoll und notwendig, wo seine Einzelbestandteile landschaftsprägend wirken. Hier kommt der Pufferzone die Aufgabe zu, den Umgebungsbereich anzuzeigen, in dem bei künftigen Maßnahmen auf den sichtbaren Denkmalbestand Rücksicht zu nehmen ist.

■ **2.3.4** Durch die Schaffung der Pufferzone wird ferner überall entlang dem ORL die Landlinie der Grenzsperren geschützt, um mittel- und langfristig auf ihrer gesamten Länge ihre Erfahrbarkeit zu steigern.

■ **2.3.5** Die Pufferzone dient aber auch dazu, archäologische „Erwartungs- oder Verdachtsflächen" zu definieren, wo Denkmalsubstanz zwar vermutet werden kann, aber noch nicht sicher nachgewiesen ist. Eine Pufferzone ermöglicht es daher, auch solche Verdachtsflächen frühzeitig in die Abwägung geplanter Maßnahmen einzubeziehen.

■ **2.3.6** So besteht vor allem in den bebauten Arealen einzelner Kastellplätze die Notwendigkeit, Ungesichertes und Unbekanntes vor Schaden zu bewahren. Gerade hier kommt der Forschung zukünftig eine wichtige Rolle zu, um die Lage und Ausdehnung möglicher Limeselemente in solchen Verdachtsflächen zu konkretisieren.

■ **2.3.7** Auch die Ausweisung der Pufferzone des ORL erfolgt parzellenscharf und ist in Karten detailliert ablesbar (vgl. Kartendarstellung der Limesdatenbank, Anlage C). Die Ausdehnung der Pufferzone kann bei der Abwägung von Maßnahmen lediglich einen Anhaltspunkt bieten; Belange der archäologischen Denkmalpflege, des Natur- und Landschaftsschutzes, der Wissenschaft oder des Fremdenverkehrs können auch außerhalb der vorgesehenen Pufferzone betroffen sein.

3. Darstellung der inhaltlichen Gültigkeit

3.1 Träger des Managementplans

■ **3.1.1** Die beteiligten Bundesländer sind dem Erhalt des archäologischen Denkmals ORL verpflichtet. Für seine dauerhafte Sicherung ist es notwendig, dass möglichst viele Personen und Institutionen, die mit dem ORL leben und arbeiten, dieses Interesse teilen.

■ **3.1.2** Maßnahmen zum Schutz des ORL, ebenso wie zu seiner Vermittlung in der Öffentlichkeit, müssen daher ständig an die sich wandelnden gesellschaftlichen und technischen Rahmenbedingungen angepasst werden.

■ **3.1.3** Der gegenwärtige Inhalt des Managementplans wurde im November 2002 von den vier Bundesländern Baden-Württemberg, Bayern, Hessen und Rheinland-Pfalz erarbeitet. Ihnen obliegen Beratung und Unterstützung des denkmalgerechten Umgangs mit dem ORL.

■ **3.1.4** Wesentliche Passagen wurden bereits während der Abfassung des Textes mit den betroffenen Institutionen entlang dem ORL abgestimmt. Über die Abfassung dieses Managementplans und seine generellen Inhalte wurden zudem im Verlauf des Jahres 2002 sämtliche kommunalen Anrainer informiert.

■ **3.1.5** Den Kommunen als unmittelbar Verantwortlichen für den Schutz und die Entwicklung des ORL vor Ort kommt innerhalb eines erfolgreichen Denkmalmanagements große Verantwortung zu. Ihre Einbindung in die Weiterentwicklung dieses Plans in den kommenden Jahren wird daher weiter verfolgt.

■ **3.1.6** Als nächster Schritt soll mit der Veröffentlichung dieses Papiers eine möglichst breite Öffentlichkeit erreicht werden. Insbesondere sollen die Grundeigentümer angesprochen werden, in deren Händen der tägliche Umgang und die Pflege des ORL liegen. Erst durch ihre Zustimmung und Mitarbeit wird eine Umsetzung der konzipierten Ziele möglich.

3.2 Status des Managementplans

■ **3.2.1** Dieser Managementplan soll ab sofort das Rahmenwerk für alle Aktivitäten entlang dem archäologischen Denkmal ORL bilden. Seine Inhalte und Ziele sind so angelegt, dass sie die Akzeptanz aller Betroffenen finden können, er selbst besitzt keine eigene Rechtsqualität.

■ **3.2.2** Eine Vielzahl seiner Inhalte stützt sich auf bestehende Rechts- und Verwaltungs-

normen. Für die Umsetzung anderer Inhalte sind zusätzliche Vereinbarungen notwendig. Zu großen Teilen wird die Umsetzung der hier angesprochenen Ziele jedoch auf der freiwilligen Mitarbeit und der partnerschaftlichen Zusammenarbeit der betroffenen Personen und Institutionen beruhen.

■ 3.2.3 Vorgesehen ist daher eine fortlaufende Abstimmung und Ergänzung dieses Managementplans mit Eigentümern, Besitzern und Pächtern entlang dem ORL sowie den Verantwortlichen der Kreise und Kommunen, der Naturparks, der Zuständigen für Raumplanung, Landwirtschaft und Naturschutz und für Fremdenverkehr.

■ 3.2.4 Bis zum Jahr 2008 soll eine Fortschreibung des Managementplans erarbeitet werden, die Anregungen aus diesem Abstimmungsprozess berücksichtigt und auf den bis dahin gesammelten Erfahrungen beruht.

■ 3.2.5 Der Managementplan wird auch nach einer Zustimmung auf möglichst breiter Basis seinen grundsätzlichen Charakter einer freiwilligen Übereinkunft behalten.

3.3 Empfehlung für den Gebrauch

■ 3.3.1 Mit Inhalt und Zielen dieses Managementplans für den künftigen Schutz und die Entwicklung des größten archäologischen Denkmals in Deutschland betreten die beteiligten Institutionen Neuland. Nutzen und Verwendbarkeit dieses Papiers werden sich daher erst während seines Gebrauchs zeigen.

■ 3.3.2 Die Frist von fünf Jahren zwischen 2003 und 2008 soll daher zunächst einem Überprüfen der Inhalte und Ziele des Managementplans dienen. Gerade in den auf seine Aufstellung folgenden Jahren, wird es sicherlich zu Änderungen und Ergänzungen dieses Rahmenwerkes kommen.

■ 3.3.3 In zahlreichen Einzelfällen wird es notwendig sein, konkrete Fragen näher zu differenzieren. Anzustreben ist, dass sich solche Empfehlungen und Richtlinien an den grundsätzlichen Aussagen orientieren, wie sie dieses Rahmenwerk formuliert.

■ 3.3.4 Als mögliche Vorbilder für solche übergreifenden freiwilligen Vereinbarungen soll hier auf den „Museumsentwicklungsplan zum ORL" und die „Verfahrensweisen für Rekonstruktion, Nach- und Wiederaufbau" verwiesen werden (vgl. 8.4 und Beilage 1).

3.4 Überprüfung

■ 3.4.1 Da sich der archäologische Wissensstand ständig weiter entwickelt, wird es notwendig sein, die Grenzen des Denkmalbereichs wie der umgebenden Pufferzonen regelmäßig zu überprüfen. Gleichzeitig wird es notwendig sein, Veränderungen zu berücksichtigen, die sich durch die Weiterentwicklung der Landschaften, Siedlungen und Verkehrswege entlang dem ORL ergeben.

■ 3.4.2 Ebenso werden die sachlichen und administrativen Inhalte des Managementplans in den kommenden Jahren fortlaufend überarbeitet und modifiziert werden müssen. Dies betrifft sowohl Entwicklungen entlang dem ORL wie auch solche an den übrigen Teilen der antiken römischen Reichsgrenze.

■ 3.4.3 Die beständige Überprüfung soll deshalb ein wesentlicher Bestandteil der koordinierenden Arbeit der „Deutschen Limeskommission" sein (vgl. 9.3), deren Ergebnisse allen Trägern des Managementplan vorgelegt werden.

■ 3.4.4 Der erste vollständige Revisionsbericht soll 2008 erstellt werden und als Grundlage für die Fortschreibung dieses Managementplans dienen.

4. Notwendigkeiten

4.1 Vorgaben

■ 4.1.1 Der Denkmalbestand des ORL erstreckt sich über eine Fläche von mehr als 20 km², hinzu kommen weiträumige Areale der Pufferzone. Die Größe des Denkmals, seine Lage in völlig unterschiedlichen Landschaften sowie die Aufteilung der Eigentumsverhältnisse und Zuständigkeiten machen Absprachen für seinen Schutz, seine Pflege und seine Entwicklung notwendig.

■ 4.1.2 Als zusammengehöriges Denkmal von weltweiter Bedeutung sind bei künftigen Maßnahmen an jedem Einzelbereich des ORL einheitliche Maßstäbe anzulegen, die den internationalen Standards entsprechen. Sie haben ferner unter den verschiedenen Interessen entlang dem ORL genau abzuwägen.

■ **4.1.3** Hauptaugenmerk muss dabei auf dem Erhalt der Denkmalsubstanz liegen. Die authentisch überkommenen Areale und Einzelelemente des ORL bilden die Grundlage für alle Maßnahmen zur Erforschung und Erschließung. Hier bieten die bestehenden rechtlichen und administrativen Vorgaben eine ausreichende Basis.

■ **4.1.4** Den zweiten wesentlichen Faktor bei allen künftigen Maßnahmen am ORL bildet das Einvernehmen und die Zustimmung der vor Ort an und mit dem Denkmal lebenden und arbeitenden Menschen, insbesondere dort, wo neben dem öffentlichen Interesse am Erhalt des Kulturdenkmals andere, widerstrebende bestehen.

■ **4.1.5** Vielerorts war die traditionelle Landnutzung, insbesondere die Land- und Forstwirtschaft, Voraussetzung für den Erhalt der archäologischen Denkmale und macht bis heute ihre Erfahrbarkeit innerhalb der modernen Kulturlandschaft möglich.

■ **4.1.6** Stärker als bisher ist in vielen Teilbereichen des ORL auch der Bedeutung des Fremdenverkehrs Aufmerksamkeit zu schenken. Dies gilt zum einen für die Ansprüche der Besucher an Erfahrbarkeit und Vermittlung des Denkmals zum anderen für deren Rolle als Wirtschaftsfaktor vor Ort.

■ **4.1.7** Schließlich gilt es, Wünschen und Erfordernissen der wissenschaftlichen Auseinandersetzung mit den archäologischen Denkmalen der römischen Reichsgrenze Rechnung zu tragen. Die unmittelbaren und mittelbaren Ergebnisse der Forschung fließen in die Inhalte der touristischen Darstellung ein und beeinflussen auch die Strategien der Denkmalpflege am ORL.

4.2 Bedrohungen

■ **4.2.1** Einzelne Streckenabschnitte oder Teilbereiche der Kastellplätze am ORL werden von einer Vielzahl unterschiedlicher Faktoren bedroht. Diese Gefährdungen schaden gleichermaßen dem Erhalt des Denkmals wie seiner wissenschaftlichen Erforschung und touristischen Nutzung.

■ **4.2.2** Die nachhaltigsten Schäden entstehen überall dort, wo Teile des ORL von Baumaßnahmen betroffen sind. Die Nutzung von Freiflächen für die Anlage neuer Verkehrswege, Industrie oder Wohnhäuser führt in der Regel zu einem Totalverlust der Denkmalsubstanz in den betroffenen Bereichen sowie zu einer dauerhaften und erheblichen Beeinträchtigung unmittelbar angrenzender Bereiche.

■ **4.2.3** Die landwirtschaftliche Nutzung, insbesondere die Bodenbearbeitung mit dem Pflug, führt an zahlreichen Abschnitten des ORL fortlaufend zu Eingriffen in die Denkmalsubstanz. Die daraus resultierenden Beeinträchtigungen sind dort besonders gravierend, wo im Zuge der Feldbestellung bestehende Flureinteilungen verändert werden, die zuvor auf Lage und Verlauf des ORL Rücksicht nahmen.

■ **4.2.4** Vergleichbare Gefahren bestehen in zunehmendem Maß auch in Waldgebieten. Hier führt der Einsatz schwerer Maschinen und die Anlage neuer Wirtschaftswege zu Zerstörungen an Abschnitten des ORL, die aufgrund einer jahrhundertelangen schonenden Wirtschaftsweise häufig oberidisch noch besonders eindrucksvoll erhalten sind.

■ **4.2.5** Gegenwärtig eher gering sind die Gefährdungen an den Denkmalen, die unmittelbar durch Besucher verursacht werden, wie Vandalismus oder Schäden durch das Begehen sensibler Denkmalabschnitte. Verstärktes Augenmerk ist jedoch auf Gefährdungen zu richten, die mittelbar mit dem Fremdenverkehr am ORL zusammenhängen. Zu nennen sind hier die Anlage von Wanderwegen und Parkplätzen ebenso wie Maßnahmen zur Rekonstruktion oder dem Wiederaufbau einzelner Objekte, für die Eingriffe in die Denkmalsubstanz notwendig werden.

5. Zielvorstellungen

5.1 Prozess der Bewusstmachung

■ **5.1.1** Bei den entlang dem Limes lebenden und arbeitenden Menschen bestehen, wie in der Bevölkerung generell, die unterschiedlichsten Vorstellungen über die historische Bedeutung des ORL, über seine heutige Beschaffenheit und den Umgang mit ihm in der Zukunft.

■ **5.1.2** Zu den vordringlichsten Zielen des Managementplans gehört es daher, in der Gesellschaft und speziell entlang dem ORL ein Bewusstsein zu schaffen, das den Inhalten dieses Rahmenwerkes gerecht wird.

■ **5.1.3** Nahezu überall wird dem archäologischen Denkmal vor Ort bereits heute interessierte Aufmerksamkeit und Wertschätzung entgegengebracht. Defizite bestehen in der richtigen Einschätzung seiner weltweiten Bedeutung.

■ **5.1.4** Der historische Wert der ehemaligen römischen Reichsgrenze, ihre Rolle für die spätere geschichtliche Entwicklung Europas aber auch Möglichkeiten und Aufgaben ihrer angemessenen Präsentation sind vielfach nicht ausreichend bekannt.

■ **5.1.5** Die während der vergangenen beiden Jahre gesammelten Erfahrungen bei der Vermittlung des Limesprojektes waren durchweg positiv. Aufgrund dieser Tatsache kommt der Öffentlichkeitsarbeit weniger die Rolle zu, die Menschen zu überzeugen, als sie zu informieren.

5.2 Schutz, Erforschung, Fremdenverkehr

■ **5.2.1** Der Erhalt der Denkmalsubstanz des ORL bildet die Grundlage für alle weiteren Aktivitäten. Der Managementplan soll vor allem die positiven Wechselwirkungen zwischen Schutz, Erforschung und Fremdenverkehr aufbauen und stärken.

■ **5.2.2** Hier konnte entlang dem ORL vielerorts bereits seit Jahrzehnten Erfahrung gesammelt werden. Es gibt mustergültige Beispiele für Maßnahmen bei denen es gelang, die Interessen aller drei Bereiche harmonisch miteinander zu verbinden.

■ **5.2.3** Angestrebt ist eine Intensivierung der Aktivitäten für den Schutz, die Erforschung, und den Fremdenverkehr entlang dem ORL. Der Managementplan soll in erster Linie dazu dienen, mögliche Konflikte mit den übrigen Arten der Landnutzung auszuräumen.

■ **5.2.4** Dabei besteht stärker als bisher der Ehrgeiz, sich nicht auf einzelne lokale Maßnahmen zu beschränken, sondern dieselben hohen Standards entlang dem gesamten ORL und allen seinen Teilbereichen umzusetzen.

■ **5.2.5** Als zusätzliches neues Element kommt die mit diesem Rahmenwerk verbundene Zielvorstellung hinzu, das Erscheinungsbild des Limes und damit seine Erfahrbarkeit durch geeignete Pflege- und Entwicklungsmaßnahmen langfristig zu verbessern.

5.3 Gewährleisten einer weiteren Entwicklung

■ **5.3.1** Auch künftig muss entlang dem ORL eine Entwicklung und Erschließung neuer Areale für Siedlungs- und Straßenbau sowie für gewerbliche oder landwirtschaftliche Nutzung möglich bleiben. Für Erhalt und Pflege des Erscheinungsbildes des Limes kommen insbesondere der Land- und Forstwirtschaft große Bedeutung zu.

■ **5.3.2** Neue Vorhaben, um den Fremdenverkehr besser zu erschließen, sind insbesondere dort möglich, wo bisher noch keine oder kaum Vermittlung erfolgte. Ein besonderes Augenmerk ist auf solche Bereiche zu legen, in denen das Denkmal nicht durch sein eigenes Erscheinungsbild wirkt.

■ **5.3.3** Die wissenschaftliche Erforschung des Limes wird – auch mit gezielten Ausgrabungsprojekten – entlang der gesamten Strecke des ORL und seiner Einzelbestandteile weitergehen. Ihre Ergebnisse sind Grundlagen für Schutz und Erschließung des ORL für die breite Öffentlichkeit.

5.4 Leitlinien

Der vorliegende Managementplan zum Obergermanisch-Raetischen Limes beruht ebenso wie seine Weiterentwicklung in den Jahren 2003 – 2008 auf nachfolgend genannten Grundlagen und soll somit

■ **5.4.1** nach Möglichkeiten suchen, alle kommenden Veränderungen zum Nutzen des ORL und seines Umfeldes zu steuern und so seinen Bestand für künftige Generationen sichern;

■ **5.4.2** den generellen Charakter des Ortes erhalten und historische Zusammenhänge reaktivieren;

■ **5.4.3** durch zukunftsorientierte und integrierende Entwicklungsmöglichkeiten die Vitalität der unterschiedlichen Landschaften am ORL erhalten;

■ **5.4.4** öffentliche und private Ressourcen ausschöpfen, um den Schutz und die Entwicklung der Landschaften am ORL zu verbessern;

■ **5.4.5** nach Möglichkeiten suchen, die sensibelsten Bereiche und Orte von modernen Bauten oder denkmalschädigender Nutzung frei zu stellen;

■ **5.4.6** in der Öffentlichkeit Verständnis entwickeln für den archäologischen und historischen Wert der einzelnen Stätten ebenso wie des gesamten ORL;

■ **5.4.7** die Erfahrbarkeit des ORL hinsichtlich seines Erscheinungsbildes und der Vermittlung in Medien und Bildung verbessern;

■ **5.4.8** die Zugangsmöglichkeiten für Besucher zum und entlang dem ORL verbessern;

■ **5.4.9** sicherstellen, dass sich die ökonomischen Vorteile des Tourismus am ORL zum Vorteil der vor Ort lebenden Anwohner vergrößern;

■ **5.4.10** versuchen, Partnerschaft und Übereinstimmung unter denjenigen zu entwickeln, die sich öffentlich oder privat mit dem ORL und seiner Umgebung befassen.

6. Basis

6.1 Anlage und Pflege einer „Limes-Datenbank"

■ 6.1.1 Der Schutz eines jeden archäologischen Denkmals baut auf den Kenntnissen auf, die darüber vorhanden sind. Grundlegend dafür ist die Arbeit der Inventarisation. Insbesondere sind Informationen über die genaue Lage und den Zustand eines Objektes erforderlich.

■ 6.1.2 Für den ORL wurde mit der Einrichtung eines komplexen geografischen Informationssystems die Möglichkeit geschaffen, unterschiedlichste Informationen zusammenzustellen. Kernstück bilden detaillierte Kartenwerke, in denen auch die in diesem Plan wiedergegebenen Grenzen des Denkmalbereichs und der umgebenden Pufferzone festgehalten sind.

■ 6.1.3 Dieses Geoinformationssystem (Stichwort: „Limes-Datenbank") soll beständig aktualisiert und ausgebaut werden. Es bildet die zeitgemäße und in vielen Bereichen vorbildhafte Grundlage für ein permanentes Monitoring.

■ 6.1.4 Informationen aus dieser Datenbank stehen den Verantwortlichen für alle künftigen Planungen entlang dem ORL zur Verfügung. Vorgesehen hierfür ist u. a. auch der Einsatz des „Limes-Portals" (vgl. 6.4), eines Pilotprojekts für die öffentliche Darstellung und Vermittlung auf möglichst breiter Basis.

6.2 Entwicklung eines Forschungskonzeptes zum Limes in Deutschland

■ 6.2.1 Beinahe alle Kenntnis zu einem archäologischen Denkmal gründet sich auf archäologischen Untersuchungen. Für eine Weiterentwicklung des Managementplans ist daher die weitere wissenschaftliche Erforschung des Limes notwendig.

■ 6.2.2 Anzustreben ist eine Zusammenarbeit, die Maßnahmen zur Erforschung des Limes mit den Aufgabenstellungen der Denkmalpflege abstimmt. Grundgedanke sollte es sein, neben historischen Informationen auch Aussagen über Zustand, Lage und Gefährdungen des Denkmals zu erhalten.

■ 6.2.3 Bei der Genehmigung weiterer Ausgrabungen am ORL ist darauf zu achten, dass die Forschungsinhalte die Ziele des Substanzschutzes berücksichtigen.

■ 6.2.4 Ferner sollten verstärkt Anstrengungen unternommen werden, das wissenschaftliche Potenzial schneller auszuschöpfen, das sich mit der gezielten Aufarbeitung vergangener archäologischer Untersuchungen („Altgrabungen") bietet.

■ 6.2.5 Es zeigt sich außerdem, dass bei den Wissenschaftlern, die sich mit dem ORL befassen, Bedarf nach besserem und schnelleren Informationsaustausch besteht.

6.3 Abstimmung entlang der Römischen Reichsgrenze in Europa

■ 6.3.1 Für eine Weiterentwicklung des Managementplans zum ORL ist es ferner erforderlich, die Zusammenarbeit entlang der gesamten antiken römischen Reichsgrenze in Europa zu verbessern.

■ 6.3.2 Grundlegende Fragen zu Erhalt, Erforschung und Erschließung der ehemaligen Grenzanlagen betreffen alle europäischen Länder zwischen Nordsee und Schwarzem Meer.

■ 6.3.3 Dem internationalen Austausch in den Bereichen Denkmalpflege, Forschung und Tourismus soll daher künftig verstärkt Aufmerksamkeit zukommen.

■ 6.3.4 Internationale Standards können durch den Managementplan mit erarbeitet werden und sollen bei seiner Weiterentwicklung in den Managementplan Eingang finden.

6.4 Möglichkeit zur Information und Einflussnahme durch ein Limes-Portal

■ 6.4.1 Dem Informationsaustausch kommt für eine Weiterentwicklung des Managementplans eine wichtige Rolle zu.

■ 6.4.2 Voraussetzung hierfür ist zunächst ein geeignetes Medium, mit dessen Hilfe sich jeder über die einstige römische Reichsgrenze als ein Kulturerbe von weltweiter Bedeutung informieren kann.

■ 6.4.3 Um allen Interessierten im In- und Ausland die Möglichkeit zu geben, sich aktuell über das Denkmal ORL sowie über Maßnahmen zu dessen Schutz, Erforschung und Pflege zu informieren, ist die Schaffung eines Internet-Portals vorgesehen.

■ **6.4.4** Über dieselbe technische Lösung lässt sich auch die interne Kommunikation zwischen den Verantwortlichen für die Umsetzung des Managementplans abwickeln, unter der Voraussetzung getrennter Informationsebenen zwischen der Öffentlichkeit und dem Kreis der Fachleute.

■ **6.4.5** In jedem Fall soll dieses „Limes-Portal" die technischen Voraussetzungen integrieren, von außen Anregungen und Fragen an die Personen und Institutionen zu richten, die mit der Umsetzung des Managementplans betraut sind.

■ **6.4.6** Damit wird das „Limes-Portal" ein offenes Forum darstellen, das jedem die Möglichkeit gibt, seine Gedanken für Schutz, Entwicklung und Forschung des ORL einzubringen.

■ **6.4.7** Eine solche technische Lösung zu Information und Einflussnahme stellt gleichzeitig ein Novum mit Vorbildfunktion für ähnliche Anwendungen dar.

7. Schutz

7.1 Denkmalbereiche in unbebauten Arealen

■ **7.1.1** Bereits heute sind nahezu die gesamte Strecke des ORL und die abseits geschlossener Ortschaften gelegenen Kastellplätze als Kulturdenkmale gesetzlich geschützt. Dieser Schutz ist formal ausreichend.

■ **7.1.2** Der Erhalt der ausgewiesenen Denkmalbereiche obliegt neben den Eigentümern den Kommunen, den Denkmalschutzbehörden und den Denkmalfachbehörden der Länder. Neben dem Denkmalschutzrecht stehen aber auch weitere Instrumentarien des Raumordnungsrechts, des Bauplanungsrechts und des Naturschutzrechts zur Verfügung.

■ **7.1.3** Dabei ist es sinnvoll – wo immer möglich – sowohl einen Interessenverbund mit dem Natur- und Landschaftsschutz zu suchen als auch den Gedanken an einen ganzheitlichen Kulturlandschaftsschutz ver-

stärkt zu verfolgen. Maßnahmen, die dem Schutz von archäologischen Denkmalen dienen, haben erfahrungsgemäß größere Chancen auf Durchsetzung, wenn mehrere gesetzliche Schutzbelange gebündelt werden.

■ **7.1.4** Entlang dem Limes und in der ausgewiesenen Pufferzone bestehen enge Beziehungen zwischen dem Schutz des Denkmals und dem Schutz und der Pflege der Landschaft. Der Erhalt und die Pflege der Landschaft bewahren gleichzeitig die Umgebung des ORL vor unangemessener Bebauung und der Beeinträchtigung ihres Erscheinungsbildes. Sie dienen außerdem dem Erhalt seiner charakteristischen Eigenschaften. Die betrifft insbesondere die großen landwirtschaftlich genutzten Freiflächen sowie die Waldgebiete.

■ **7.1.5** In Einzelfällen ist es notwendig und sinnvoll, bestimmte Areale zusätzlich zu schützen, indem sie von der öffentlichen Hand oder von anderen, am Schutz und Erhalt des ORL interessierten, Institutionen angekauft werden. Diese Maßnahme kommt besonders dort in Betracht, wo ein Ausgleich zwischen einer das Denkmal schädigenden Nutzung und den Interessen nach seinem Erhalt anders nicht möglich ist.

■ **7.1.6** Einen Flächenaufkauf hat ein langfristiges Konzept für die Pflege und Erschließung des Denkmals zu begleiten.

7.2 Denkmalbereiche in bebauten Arealen

■ **7.2.1** Die Tatsache, dass Teile des Grenzverlaufs sowie einige Kastelle und andere Strukturen in solchen Arealen liegen, die heute städtisch geprägt sind, bedeutet nicht, dass diese keinen wesentlichen Bestandteil der Grenzanlagen darstellen. Obwohl in diesen Bereichen nur geringe Reste des ORL sichtbar sind, kann ihr archäologischer Wert sehr hoch sein.

■ **7.2.2** Generell gelten hier dieselben denkmalrechtlichen Vorschriften wie in unbebauten Arealen. Allerdings ist die Akzeptanz für Schutzmaßnahmen in der Öffentlichkeit häufig deutlich geringer, da mit ihr wesentliche wirtschaftliche Einschränkungen verbunden sein können; gleichzeitig sind aber die Gefahren für lokale Zerstörungen des ORL durch Baumaßnahmen erheblich höher.

■ **7.2.3** Hauptproblem eines erfolgreichen Schutzes des ORL in bebauten Ortslagen sind eine oftmals ungenaue Kenntnis der Denkmalsubstanz und ihre Überlagerung durch moderne Baustrukturen. Hinzu kommt die Beobachtung, dass häufig dort, wo die heutige Umgebung keine Würdigung der antiken Denkmalsubstanz erlaubt, auch das Interesse der Bevölkerung vor Ort am Erhalt des ORL gering ist.

■ **7.2.4** Auch dort, wo Ausdehnung und Erfahrbarkeit der römischen Grenzanlagen begrenzt scheinen, besteht jedoch die Möglichkeit, das Verständnis des ORL durch langfristige Maßnahmen zu verbessern.

■ **7.2.5** Daher soll auch in bebauten Arealen der bekannte Denkmalbestand des ORL nach den überall geltenden Maßstäben geschützt werden. Hauptziel muss es zunächst sein, die noch vorhandene Denkmalsubstanz zu erhalten.

■ **7.2.6** Ein Umgebungsbereich sowie die Hauptlinie des ORL sollen in der Pufferzone definiert werden, um es den Verantwortlichen vor Ort zu erlauben, zukünftig auch hier Verfahren für den Schutz, die Erforschung und Erschließung zu entwickeln.

■ **7.2.7** In Bereichen, in denen der Denkmalbestand durch vergangene Beeinträchtigungen bereits großräumig und vollständig zerstört ist, ergeht an die Planungsbehörden der empfehlende Appell, zumindest eine optische Achse (Sichtstreifen) entlang der Limesstrecke künftig von Bebauung frei zu halten. Als Perspektiven aufgezeigt werden soll auch hier die Möglichkeit, heute noch überbaute Areale langfristig wieder sichtbar zu machen.

7.3 Perspektiven für städtische Areale

■ **7.3.1** Dieses Kapitel unterbreitet Vorschläge, wie die Verbindung zwischen einzelnen Plätzen des Limes in bebauten Arealen wiederherzustellen ist, und empfiehlt Verfahren, um auch hier die Einheit und Erfahrbarkeit des ORL zu steigern. Das Ziel einer solchen Politik sollte der Schutz der bekannten Reste sein, sowohl des Verlaufs der Grenzlinie als auch anderer Objekte. Es sollte gleichzeitig auch dazu geeignet sein, die Erfahrbarkeit des ORL im heutigen Siedlungsbild zu verbessern.

■ **7.3.2** Grundlage dieses Versuchs ist die Notwendigkeit, den Schutz bekannter Denkmalsubstanz in Siedlungsarealen zu verbessern. Dazu sollen lokale Planungsrichtlinien, beispielsweise Bebauungspläne oder Stadtsatzungen, entwickelt und angewandt werden. Der Erfolg wird davon abhängen, ob es gelingt,

auch dort hinreichend Schutz zu gewähren, wo die Bestandteile des ORL nicht sichtbar sind, aber nachgewiesen werden können, oder wo sich antike Topografie im heutigen Siedlungsbild erhalten hat.

■ 7.3.3 Eine Perspektive ist beispielsweise das Kennzeichnen der ehemaligen Grenzlinie durch bauliche Maßnahmen, sodass der Verlauf des ORL wieder gesehen und verstanden werden kann. Dies kann auch bei der Darstellung bekannter römischer Bauachsen und Straßenfluchten angewandt werden. Für eine solche Kennzeichnung ist nicht Bedingung, dass in den betreffenden Arealen noch Denkmalsubstanz vorhanden ist.

■ 7.3.4 Eine andere Perspektive ist ein gezielter Aufkauf von Grundstücken auch in bebauten Siedlungsarealen. Dies kann zum Schutz vor einer drohenden Überbauung geschehen, aber auch dem Schaffen von Freiflächen dienen, auf denen gestalterische Maßnahmen einzelne Elemente des ORL verdeutlichen.

■ 7.3.5 Mittel- bis langfristig wird es damit möglich, den vollständigen Verlauf des Limes oder die Lagebeziehungen von Einzelelementen auch in städtischen Gebieten wieder erfahrbar zu machen. Voraussetzungen sind Empfehlungen an die zuständigen örtlichen Behörden für entsprechende Planungsrichtlinien. Es wird notwendig sein, diese so übereinstimmend wie möglich an den Vorschriften zu orientieren, die für Denkmalbereiche im offenen Gelände bestehen.

8. Tourismus

8.1 Bedürfnisse

■ 8.1.1 Wie bei vielen anderen historischen Stätten spielt auch für den ORL der Tourismus eine unverzichtbare und zentrale Rolle für den Erhalt des Denkmals. Die Ausdehnung und vergleichsweise Robustheit der archäologischen Reste gestatten dabei generell eine ausgedehnte Erschließung für Besucher.

■ 8.1.2 Bei der Präsentation des ORL für den Besucher ist gleichzeitig jedoch den Schwierigkeiten zu begegnen, die die Ausdehnung der römischen Grenzanlagen und ihre vergleichsweise geringen sichtbaren Reste darstellen.

■ 8.1.3 Zu den Bedürfnissen des Tourismus am ORL zählen sowohl die sachgerechte Vermittlung des gesamten Denkmals für Besucher aus dem In- und Ausland, als auch das Bereitstellen einer angemessenen Infrastruktur für An- und Abreise sowie den Aufenthalt vor Ort.

■ 8.1.4 Im Interesse der Menschen, die am ORL leben und arbeiten, liegt die Einflussnahme auf alle Maßnahmen zur touristischen Erschließung, um von einer künftigen Entwicklung selbst keine Nachteile zu erfahren, sondern möglichst von ihr zu profitieren.

8.2 Ziele

■ 8.2.1 Alle Maßnahmen zur künftigen touristischen Erschließung des OLR sind denkmalverträglich zu gestalten. Sie dürfen zu keiner Minderung der Substanz oder Denkmalqualität führen, sondern sollten selbst danach streben, Erfahrbarkeit und Schutz des ORL zu verbessern.

■ 8.2.2 Der Charakter des ORL als in der umgebenden Landschaft frei zugängliches Geländedenkmal ist zu erhalten bzw. dort zu fördern, wo dies bislang noch eine entgegengerichtete Nutzung einschränkt. Ausnahmen bilden museale Einrichtungen.

■ 8.2.3 Die Gestaltung künftiger Maßnahmen soll entlang der gesamten Limesstrecke sowie an allen Kastellplätzen inhaltlich und äußerlich aufeinander abgestimmt sein und nach einheitlichen Qualitätsstandards erfolgen.

■ 8.2.4 Die weitere touristische Erschließung des ORL setzt die Akzeptanz der vor Ort ansässigen Bevölkerung voraus. Alle Maßnahmen sind im Einvernehmen mit den Betroffenen zu gestalten, ohne bestehende Nutzungen und Rechte einzuschränken.

■ 8.2.5 Touristische Maßnahmen am ORL sollten darauf abzielen, einen möglichen materiellen Nutzen durch Besucher der ansässigen Bevölkerung zukommen zu lassen.

■ 8.2.6 Zu den inhaltlichen Zielen der Vermittlung des ORL zählen neben der Darstellung des ORL selbst auch die Vermittlung der römischen Reichsgrenze sowie der gene-

relle Hinweis auf den Wert archäologischer Denkmale als historische Quelle.

8.3 Träger

■ **8.3.1** Die „Deutsche Limeskommission" (vgl. 9.3) wird durch koordinierende Beratung die weitere touristische Erschließung des ORL in den vier Bundesländern begleiten. Sie dient als Ansprech- und Kooperationspartner der nachfolgend genannten Personen und Institutionen.

■ **8.3.2** Normative Regelungen im Bereich des Tourismus sind weder angestrebt noch sinnvoll; den Fachämtern kommt eine Beratungsfunktion bei der Einrichtung neuer touristischer Maßnahmen zu, die neben Hinweisen auf das archäologische Denkmal vor Ort auch das Bereitstellen von Sachinformation umfasst.

■ **8.3.3** Eine wichtige Größe in der erfolgreichen touristischen Erschließung und Vermittlung des ORL bilden die verschiedenen Museen am Limes. Neben wesentlichen Bestandteilen der inhaltlichen Darstellung des archäologischen Denkmals obliegt ihnen vor allem die sachgerechte Aufbewahrung und Präsentation des umfangreichen Fundmaterials.

■ **8.3.4** Für die überwiegende Mehrheit der Kreise, Städte und Gemeinden entlang dem ORL besteht in dem Verein „Deutsche Limes-Straße" bereits seit 1995 ein gemeinsames Organ für die Umsetzung oben genannten Ziele. Zu ihrem Tätigkeitsfeld im Bereich Tourismus zählen insbesondere die Bereiche Werbung, allgemeine Information, Unterbringung und Leitung der Besucher.

■ **8.3.5** Weiterhin fällt Vereinen, Schulen, regionalen oder lokalen Initiativen die in der Regel freiwillige Aufgabe zu, die Präsentation einzelner archäologischer Stätten entlang dem ORL zu pflegen und auszubauen.

■ **8.3.6** Grundeigentümer, Besitzer und Pächter der archäologischen Denkmale leben mit dem unmittelbaren Umgang mit den Besuchern vor Ort. Ihrem Verständnis und ihrer Akzeptanz obliegen sämtliche touristische Maßnahmen am ORL.

8.4 Mittel

■ **8.4.1** Der bereits seit Jahrzehnten bestehende durchgehende Wanderpfad entlang dem ORL wurde in den vergangenen Jahren durch einen Radweg und eine Autoroute ergänzt. Individualreisende ebenso wie Gruppenreisende können so jeden Punkt des ORL erreichen. Auch bei künftigen Routenplanungen stehen die Denkmalfachbehörden in Kontakt mit dem Verein Deutsche Limes-Straße, den verschiedenen Wandervereinen, den Forstämtern sowie den jeweiligen Kommunen.

■ **8.4.2** Bei der Neuanlage von Wander- oder Radwegen, oder im Rahmen größerer Instandhaltungsmaßnahmen, wird künftig darauf geachtet, Wegetrassen neben und nicht auf dem Verlauf des Limes zu führen. Hierdurch verbessert sich die Erfahrbarkeit des Limesverlaufs, gleichzeitig verringern sich mögliche nachteilige Einflüsse durch Betreten oder Befahren.

■ **8.4.3** Für eine positive Einflussnahme auf Projekte des Tourismus entlang dem ORL, wie Routenführung, Beschilderungen und Pflege konservierter Limesbereiche, stehen den jeweils Zuständigen im Sinne des hier zusammengestellten Konzeptes Gutachten, finanzielle Zuschüsse und vor allem der Genehmigungsvorbehalt bei allen unmittelbaren Maßnahmen am Denkmal zur Verfügung.

■ **8.4.4** Für künftige Maßnahmen zur Rekonstruktion, dem Nach- und Wiederaufbau entlang dem ORL wurden von einem Expertengremium im Oktober 2001 allgemeingültige Verfahrensweisen beschlossen (vgl. Beilage 1). Ihre Umsetzung wird von den Denkmalfachbehörden der Länder begleitet.

■ 8.4.5 Mit den Verantwortlichen der staatlichen Museen entlang dem ORL und Verbandsvertretern kommunaler Museen wurde im Juli 2002 ein „Museumsentwicklungsplan für den ORL" aufgestellt, der die künftige Museumsarbeit koordinieren soll.

9. Umsetzung

9.1 Beteiligte Institutionen und Personen

■ 9.1.1 Die rechtlichen und administrativen Zuständigkeiten für die Denkmalpflege und damit für den Erhalt des ORL sind innerhalb des föderalen Systems der Bundesrepublik Deutschland länderspezifisch unterschiedlich aufgeteilt.

■ 9.1.2 An Schutz und Pflege archäologischer Denkmale besteht ein grundsätzliches öffentliches Interesse, das gesetzlich definiert ist. Verantwortlich auch für den Erhalt des ORL sind in erster Linie die Eigentümer selbst, auf deren Grundstücken die einzelnen Teile des Limes liegen.

■ 9.1.3 Den unteren Denkmalschutzbehörden obliegt die Durchsetzung der für den Denkmalschutz relevanten Rechtsvorschriften. Sie werden unterstützt von den Oberen/Höheren Denkmalschutzbehörden, den Regierungspräsidien sowie den Ministerien als der obersten Denkmalschutzbehörde.

■ 9.1.4 Die Landesämter für Denkmalpflege nehmen die Aufgabe einer Fachbehörde wahr. In ihren Händen liegt ein großer Teil der Öffentlichkeitsarbeit, sie beraten Denkmaleigentümer und geben Stellungnahmen zu allen Planungen und Vorhaben ab, die den Denkmalbereich des ORL betreffen.

■ 9.1.5 Die Zuständigkeiten für alle Maßnahmen in Bezug auf Erschließung und Tourismus unterliegen entlang dem ORL außer den dargestellten Regeln keiner weiteren Regelung.

■ 9.1.6 Hier werden neben den Grundeigentümern in der Regel die Kreise und Kommunen in Zusammenarbeit mit den Landesämtern für Denkmalpflege tätig. Wei-

tere Träger von Infrastrukturmaßnahmen für den Fremdenverkehr sind beispielsweise Forstbehörden, Naturparks oder andere Zweckverbände. Auch ihnen kommen innerhalb der Öffentlichkeitsarbeit Aufgaben zu.

■ 9.1.7 Seit vielen Jahrzehnten erfolgt auch eine enge und erfolgreiche Zusammenarbeit zwischen den Fachbehörden der Länder und Wander- und Heimatvereinen oder lokalen Interessengruppen. Deren wichtige Rolle bei Erschließung der Pflege des ORL wird seitens der Landesbehörden begrüßt und unterstützt.

9.2 Maßnahmenkatalog und Wege zu seiner Umsetzung

■ 9.2.1 Die allgemeine Bedeutung des ORL ebenso wie Inhalte und Ziele dieses Managementplans werden der Öffentlichkeit durch den verstärkten Einsatz geeigneter Mittel nahegebracht (Publikationen, Informationsveranstaltungen und Informationstafeln am Objekt etc.). Dazu gehört auch die Umsetzung der bisher bekannt gewordenen archäologischen Befunde des ORL und seiner Bestandteile in zeitgemäße Planungsformen und Medien.

■ 9.2.2 Alle Einzelmaßnahmen für die unmittelbare und mittelbare Pflege des ORL entlang dem gesamten Streckenverlauf und der jeweiligen Kastellplätze werden mit den Fachbehörden und unteren Denkmalschutzbehörden abgestimmt. Für übergreifende

oder grundsätzliche Maßnahmen ist eine Bewertung durch die Deutsche Limeskommission einzufordern.

■ 9.2.3 Hauptaugenmerk gilt dem Verhindern beziehungsweise Vermindern möglicher Schäden durch Baumaßnahmen oder Landnutzung. Angestrebt wird die Überführung wesentlicher Denkmalbereiche in öffentliches Eigentum mithilfe von Plan- und Raumordnungsverfahren oder durch Ankauf.

■ 9.2.4 Dort wo der Verlauf des ORL oder die dargestellten Areale seiner Kastelle noch nicht, unvollständig oder unrichtig in den Flächennutzungsplänen dargestellt sind, sollen sie bei deren Fortschreibung übernommen werden.

■ 9.2.5 Die Erfahrbarkeit unbebauter Areale soll durch das Angleichen der Parzellengrenzen/-Nutzungen an die bekannte Denkmaltopografie sowie durch die Anlagen von Grüngürteln/Bepflanzungen zur Kennzeichnung gesteigert werden. Hierzu wird die aktive Zusammenarbeit mit Forstämtern und Einrichtungen des Naturschutzes ausgebaut.

■ 9.2.6 In Zusammenarbeit mit den oberen/höheren Denkmalschutzbehörden und der obersten Denkmalschutzbehörde wird geprüft, wo raumbedeutsame Planungen zu Beeinträchtigungen am ORL führen könnten.

■ 9.2.7 Um Schäden durch Bodenschatzabbau, Land- und Forstwirtschaft zu vermindern, wird der Kontakt mit den zuständigen Ministerien intensiviert und innerhalb der zukünftigen Nutzungsplanungen ein gemeinsamer Maßnahmenkatalog entwickelt.

■ 9.2.8 Bei der Umsetzung regionaler oder lokaler Schutz- oder Informationskonzepte soll die Erfahrbarkeit bebauter Areale durch das Kennzeichnen bekannter unterirdischer Strukturen gesteigert werden, gleichzeitig werden Perspektiven für eine Neugestaltung bebauter Areale nach dem Niederlegen der bestehenden Bebauung entwickelt.

■ 9.2.9 Zu den primären Forschungszielen am ORL gehören die Verbesserung der Kenntnisse über die Topografie der einzelnen Stätten:

- Überall dort, wo die Ausdehnung der archäologischen Denkmalsubstanz nicht genau genug bekannt ist, soll der Einsatz zerstörungsfreier Prospektionsmethoden (wie Begehungen, Luftbildarchäologie, Geophysik) verstärkt werden.
- Dort, wo oberirdisch sichtbare Denkmalbereiche erfahrbar sind, sollen sie durch geländetopografische Vermessung detailliert kartiert werden.
- Künftige Forschungsvorhaben am ORL sollen verstärkt Gesichtspunkte und Fragen der archäologischen Denkmalpflege berücksichtigen. Dies betrifft insbesondere Ausgrabungen, aber auch das Aufarbeiten der Archive.

■ 9.2.10 Die weitere touristische Erschließung des ORL erfolgt in enger Abstimmung zwischen den Landesdenkmalämtern und dem Verein Deutsche Limes-Straße, den Naturparks und Zweckverbänden, den einzelnen Kommunen sowie den Vereinen und Interessengruppen. Besonderes Augenmerk gilt dabei den Bereichen extensive Wirtschaftsweise, Ökologie/Naturschutz, sanfter Tourismus u. a. Dabei sollen Einrichtungen vor und hinter dem Limes einbezogen werden und überall dort, wo es möglich ist, eine Kooperation mit anderen denkmalverträglichen Konzepten erreicht werden.

9.3 Koordinierung durch die Deutsche Limeskommission

■ 9.3.1 Die Koordinierung der Empfehlungen und Strategien des Managemenplans wird bei der im Jahr 2003 neu gegründeten Deutsche Limeskommission als übergeordneter Institution liegen. Ihr Sekretariat ist Anlaufstelle für alle oben genannten Institutionen und Personen.

■ 9.3.2 Die Deutsche Limeskommission übernimmt eine beratende Tätigkeit bei der Weiterentwicklung des Schutzkonzeptes, regt bei Bedarf vereinheitlichende Ausgestaltungen unterschiedlicher Schutzbestimmungen an und stellt für die inhaltliche Zusammenarbeit mit anderen Institutionen Maßnahmenkataloge auf.

9.3.3 Zu ihren Aufgaben zählen Weiterentwicklung und strategische Planung des Forschungskonzeptes, Einflussnahme und Koordinieren aller Vorhaben zur Erforschung, Bündeln und Abstimmen von Forschungsfragen und eine gutachterliche Tätigkeit vor allen größeren Ausgrabungsprojekten am ORL.

9.3.4 Ferner soll sie nach Wegen suchen, um auch die strategische Planung und Beratung von Entwicklungsvorhaben zu übernehmen und die Vorhaben zur Erschließung entlang dem ORL zu beraten.

9.3.5 Als Serviceleistung für die einzelnen Bundesländer übernimmt sie als zentrale Aufgabe Ausbau, Pflege und Archivierung der Limes-Datenbank, in der neben den bestehenden Informationen zum ORL nach und nach weitere Altbestände und Ergebnisse neuerer Grabungen und Forschungen eingearbeitet werden.

9.3.6 Innerhalb der Öffentlichkeitsarbeit soll ihr eine allgemeine Außenvertretung des Denkmals ORL obliegen, insbesondere als Ansprechpartner zu archäologischen Fragen auf nationaler wie internationaler Ebene sowie in einer engen Zusammenarbeit mit dem Verein „Deutsche Limes-Straße".

Beilagen

Beilage 1 = Rekonstruktionsrichtlinien
Beilage 2 = Museumsentwicklungsplan

Verfahrensweise bei Rekonstruktion, Nach- und Wiederaufbau von Bodendenkmalen entlang des Obergermanisch-Raetischen Limes

1. Präambel

Der Obergermanisch-Raetische Limes mit seinen zugehörigen Türmen, Kastellen und anderen Bauwerken ist ein singuläres Kulturdenkmal und ein unwiederbringliches Geschichtsdokument. Zur Wahrung nationaler wie internationaler Normen kommt dem Schutz seines Denkmalbestandes oberste Priorität zu. Dies ist bei Planung und Realisierung sämtlicher Vorhaben auf dem Kulturdenkmal und in seiner Umgebung generell zu beachten. Rekonstruktion, Nach- und Wiederaufbau sind dem Erhalt der Originalsubstanz des Limes unterzuordnen.

Künftige Maßnahmen zur Rekonstruktion, dem Nach- oder Wiederaufbau müssen daher in den Pflege- und Entwicklungsplan des Obergermanisch-Raetischen Limes integriert sein und bedürfen zusätzlich der Genehmigung sowie Steuerung durch die Denkmalfachbehörden. Je mehr Qualität einer Stätte oder einem Denkmalbereich hinsichtlich Substanzerhaltung, Erfahrbarkeit oder wissenschaftlichem Wert zukommt, desto restriktiver sind mögliche Veränderungen zu behandeln. An bestimmten, hochrangigen Limesabschnitten sind solche Maßnahmen gänzlich ausgeschlossen.

2. Definitionen

Im nachfolgenden Text sind definiert:

Restaurierung als Zurückführen vorhandener Strukturen in einen bekannten früheren Zustand durch Entfernen von Zutaten oder durch Wiederzusammensetzen vorhandener Bestandteile ohne das Einbringen neuen Materials außer zur Sicherung. Die Restaurierung umfasst Anastylose und Konservierung.

Rekonstruktion als Hinführen vorhandener Strukturen zu einem bekannten früheren Zustand bei dem im Unterschied zur Restaurierung neue Materialien eingebracht werden. Sie dienen der Reparatur und sind möglichst in vergleichbaren Werkstoffen und mit den gleichen Handwerkstechniken wie das Original auszuführen.

Wiederaufbau als Schaffung eines vermuteten früheren Zustandes auf dem Originalbefund mit weitgehendem Einsatz neuer Materialien. Basis bilden erhaltene Belege von diesem Ort oder anderen Stätten sowie

Schlussfolgerungen, die aus diesen Belegen gezogen wurden.

Nachbau als Wiederaufbau an einem anderen Ort oder nahe bei dem Originalbefund.

Reversibel sind solche Maßnahmen, die keinen Schaden an originaler Denkmalsubstanz verursachen und sich ohne Beeinträchtigung entfernen lassen, wenn dies für die Erhaltung des Originals erforderlich sein sollte.

3. Rahmenbedingungen

Aufgrund der Erhaltung, des begrenzten Kenntnisstands sowie des Charakters der Bodendenkmale haben sich Veränderungen am Denkmalbestand des Obergermanisch-Raetischen Limes auf restaurierende und rekonstruierende Maßnahmen beschränken. Verlauf oder einzelne Bestandteile des Limes sind durch Maßnahmen der Landschaftspflege wieder sichtbar zu machen.

In bestimmten Ausnahmefällen gibt es Argumente für den Wiederaufbau oder den Nachbau von Kastellen, Türmen oder Limesabschnitten. Diese Argumente betreffen die Entwicklung einzelner Plätze für Erziehung, Tourismus oder um ihren Unterhalt zu gewährleisten. Nach- und Wiederaufbau können ferner im Sinne experimenteller Archäologie die Wissensbasis vergrößern, wie ein antikes Gebäude erbaut oder genutzt wurde. Anerkanntermaßen können auch modellhafte Bauten wichtige Werkzeuge für die Interpretation darstellen. Dies darf jedoch nicht dazu führen, dass original erhaltene Denkmalsubstanz, ihr kultureller Wert oder die historische Bedeutung einer Stätte darunter leiden.

Rekonstruktion, Wiederaufbau und Nachbau
- haben in Übereinstimmung mit nationalen und internationalen Richtlinien zu geschehen.
- dürfen in jedem Fall erst nach vollständiger archäologischer Untersuchung der betroffenen Denkmalbereiche geschehen.
- müssen die historische Bedeutung der Stätte und ihrer Umgebung erhalten.
- sind in originaler Technik und mit vergleichbarem Material auszuführen, soweit dies technisch möglich ist. Finanzielle Gründe rechtfertigen nicht die Verwendung andersartiger Materialien.
- müssen auf wissenschaftlich gesicherten Nachweisen basieren und Produkte eines experimentellen Nachvollzugs antiker Verfahren sein.
- haben das Verständnis zu verbessern. Hypothesen sind deutlich zu kennzeichnen und verpflichten gleichzeitig dazu, an ihnen gewonnene Erkenntnisse oder bei der Realisierung umgesetzte Ergebnisse darzustellen, zu archivieren und zu veröffentlichen.
- müssen so gestaltet sein, dass sowohl ihre Errichtung und ihr Unterhalt als auch die Bedürfnisse einer Stätte langfristig gewährleistet sind.
- sollten zurückstehen, wenn sie nicht einem verdeutlichenden Bestandsschutz dienen oder wenn die Erfahrbarkeit auch mit anderen Mitteln verbessert werden kann.
- vermitteln in modellhafter Form. Daher ist eine Häufung benachbarter Anlagen gleichen Typs nicht sinnvoll.

Grundlage jeder Maßnahme ist das vollständige Verständnis eines Denkmals. Dies umfasst sowohl die Bereiche unter und über der Erde, als auch seine Umgebung. Eine Beurteilung sollte das archäologische Potenzial und seine historische und zeitgenössische Bedeutung ebenso umfassen, wie ästhetische, landschaftliche, naturschutzfachliche, öffentliche, geistige und andere Werte. Diese Liste ist nicht erschöpfend.

Aus der Planung eines Vorhabens muss hervorgehen, inwiefern seine Durchführung den Wert des Denkmals berühren wird. Eine Realisierung muss sämtliche der angeführten Rahmenbedingungen erfüllen und die Bedeutung des Limes positiv beeinflussen.

4. Richtlinien für künftige Darstellungen

Bereits die Planung künftiger Maßnahmen zur Restaurierung, Rekonstruktion, Wiederaufbau oder Nachbau im Bereich des Bodendenkmals Limes hat nationalen wie internationalen Qualitätsstandards zu entsprechen. Inhalte aller Maßnahmen sollten sich idealerweise dazu eignen, die zeitlich-historische Dimension auszudrücken und nicht nur einen Idealzustand wiedergeben. Gleichzeitig ist durch eine Einheitlichkeit in der Beschilderung anzustreben, den Obergermanisch-Raetischen Limes als Gesamtanlage darzustellen.

Dieselbe Sorgfalt wie bei der Neukonzeption eines Vorhabens ist auf seine Nachhaltigkeit zu legen. Reparatur und Pflege sind von geschultem Personal oder unter fachkundiger Anleitung auszuführen. Für den Unterhalt bestehender Anlagen müssen ebenso ausreichende Sachmittel zur Verfügung stehen, wie zur Behebung unvorhergesehener Schäden.

4.1 Limesverlauf
An den Streckenabschnitten, an denen der Limesverlauf einen die Umgebung prägenden Gesamteindruck vermittelt, wie beispielsweise in den Wäldern des Taunus und auf dem schwäbischen oder fränkischen Jura, hat jede Art der Rekonstruktion, des Wiederaufbaus oder des Nachbaus zu unterbleiben.

An den Streckenabschnitten, an denen Wall/Graben bzw. Mauer oberirdisch erhalten sind,
- ist das Augenmerk auf substanzerhaltende Maßnahmen zu richten.
- sollten Ausgrabung und Rekonstruktion, Nach- oder Wiederaufbau unterbleiben.
- ist darauf zu achten, Wege nicht auf, sondern neben dem Denkmal zu führen.
- darf Pflanzenbewuchs keine Schäden an der Substanz verursachen.
- sollte Integration in naturschutzfachliche Konzepte angestrebt werden.

In Bereichen, in denen Wall/Graben beziehungsweise Mauer heute oberirdisch verschwunden sind,
- ist verstärkt nach Möglichkeiten zu suchen, die Limestrasse wieder erfahrbar zu machen.
- sollten Darstellungen den originalen Verlauf der Limestrasse wiedergeben.
- sind Rekonstruktion oder Wiederaufbau reversibel zu gestalten.
- dürfen Wege oder Pflanzenbewuchs keine Schäden an der Substanz verursachen.

4.2 Türme, Kleinkastelle und andere Bauten
An Streckenabschnitten, an denen der Limesverlauf einen die Umgebung prägenden Gesamteindruck vermittelt, hat jede Art der Rekonstruktion, des Wiederaufbaus oder des Nachbaus von Türmen, Kleinkastellen und anderer Bauten zu unterbleiben. Ebenso sollten Rekonstruktion und Wiederaufbau an solchen Türmen, Kleinkastellen und anderen Bauten unterbleiben, die oberirdisch erhalten sind. Generell gelten folgende Maßgaben:
- Wiederaufbau ist zu vermeiden. Ausnahmen können nur solche Anlagen bilden, die bereits vollständig ausgegraben sind und/oder deren Befund weitestgehend zerstört ist.
- Rekonstruktionen und Wiederaufbau sind reversibel zu gestalten.
- der Ort für Nachbauten soll unmittelbar entlang der Limestrasse gewählt werden.
- im Sinne einer experimentellen Forschung und Interpretation ist die bloße Kopie bereits bestehender Wiederaufbauten oder Nachbauten abzulehnen.

4.3 Kastellanlagen
Da Rekonstruktion bzw. Wiederaufbau von Kastellanlagen auf den Originalfundamenten stattfindet, sind hier an jede Maßnahme im Sinne der oben genannten Kriterien strengste Ansprüche zu stellen. Solche Vorhaben bedürfen bereits im Vorfeld einer Diskussion auf möglichst breiter Basis und der Bewertung durch unabhängige Gutachter; nur daran anschließend kann eine denkmalrechtliche Entscheidung stattfinden.

Generell gelten folgende Maßgaben:
- an oder in der Umgebung der wenigen noch vollständig erhaltenen und in der Landschaft weitgehend unberührten Plätzen, wie beispielsweise Holzhausen, Kapersburg, Halheim oder Pförring, soll jede Art der Rekonstruktion, des Wiederaufbaus oder des Nachbaus unterbleiben.

- Wiederaufbau ist generell nur bei solchen Anlagen vorstellbar, die bereits vollständig ausgegraben sind und/oder deren ergrabener Befund weitestgehend zerstört ist und deren Erfahrbarkeit durch die heutige Nutzung ihres Umfeldes stark zurückgedrängt wird.
- mit einer Maßnahme ist gleichzeitig der Schutz noch unberührter Denkmalsubstanz zu verbinden. Dies kann z. B. durch die Visualisierung eines abgegangenen Kastellbereichs geschehen, wenn dadurch andere Denkmalareale als Reservatsflächen erhalten werden können.
- alle Rekonstruktionen und Wiederaufbauten sind unbedingt reversibel zu gestalten.
- Noch deutlicher als bei Türmen, Kleinkastellen und anderen Bauten ist im Sinne einer experimentellen Forschung und Interpretation dem Nachvollzug antiker Verfahren Vorrang einzuräumen und sind Kopien bereits bestehender Anlagen abzulehnen.

Auch auf die Restaurierung, Anastylose und Konservierung sowie auf die Reparatur vorhandener Kastellanlagen sollen diese Verfahrensweisen sinngemäß Anwendung finden.

Im Übrigen haben sich alle Maßnahmen den internationalen Standards zu verpflichten, wie sie festgesetzt sind in:

Die Charta von Venedig 1964:
Internationale Charta über die Konservierung und Restaurierung von Denkmalen und Ensembles.

Die Charta von Lausanne 1990:
Charta für den Schutz und die Pflege des archäologischen Erbes.

Die Konvention von Malta 1992:
Europäische Konvention zum Schutz des archäologischen Erbes.

Das Nara Dokument über Authentizität 1994.

Die Charta von Riga
über Authentizität und historische Rekonstruktion in Beziehung zum kulturellen Erbe 2000.

Die vorliegenden Verfahrensweisen sind Ergebnis einer Gesprächsrunde im Oktober 2001 in Stuttgart und zahlreichen anschließenden Diskussionen, die im Rahmen der angestrebten Aufnahme des Obergermanisch-Raetischen Limes in die Welterbeliste der UNESCO geführt wurden.

Die Teilnehmer waren: Dietwulf Baatz (Darmstadt); Thomas Becker (Freiburg); Jörg Biel (Stuttgart); Stephan Bender (Wiesbaden); Wolfgang Czysz (Thierhaupten); Reinhard Dietrich (Wiesbaden); Volkmar Eidloth (Stuttgart); Meinrad N. Filgis (Stuttgart); Alex Furger (Augst); Joachim Glatz (Mainz); Fritz-Rudolf Herrmann (Bockenau); Werner Jobst (Bad Deutsch-Altenburg); Cliff A. Jost (Koblenz); Susanne Kaufmann (Aalen); Dieter Planck (Stuttgart); Rudolf Pfuhler (Eichstätt); G. Precht (Xanten); Egon Schallmayer (Wiesbaden); Wolfgang Schmidt (Bad Homburg v.d.H.); Wolfgang Schmidt (Königsbrunn); Hartwig Schmidt (Aachen); Reinhard Schwirzer (Weißenburg i. Bayern); C. Sebastian Sommer (München); Gerhard Weber (Kempten i. Allgäu); Hans-Helmut Wegner (Koblenz); Antony Wilmott (Portsmouth).

Die Schriftleitung hatte Andreas Thiel (Stuttgart).

Museumsentwicklungsplan Obergermanisch-Raetischer Limes

1. Präambel

Der Obergermanisch-Raetische Limes (ORL) bildet aufgrund seiner Geschichte, seiner Substanz und seiner Funktion ein einheitliches, zusammengehöriges Kulturdenkmal. An Inhalte und Qualität einer Vermittlung seiner historischen Gestalt, seiner materiellen Überlieferung, aber auch seiner Rolle innerhalb unseres Geschichtsverständnisses sind höchste Ansprüche zu stellen.

Als integrierte Bestandteile des „Pflege- und Entwicklungsplans zum ORL" formuliert dieses Papier Ziele und Strategien zur Präsentation und Interpretation für museale Einrichtungen, Sammlungen, erhaltener Limesabschnitte, Darstellungen in Medien und andere Formen der Vermittlung. Seine gemeinsam getragenen Inhalte basieren auf einer zukünftig verstärkt angestrebten gegenseitigen Abstimmung und Zusammenarbeit zwischen allen musealen Einrichtungen am ORL

Die nachfolgenden Empfehlungen basieren auf folgenden Grundlagen:

1.1 dem Respekt für die Bedeutung des ORL als historischem Ort. Jede Vermittlung hat Wert und Authentizität sowohl eines einzelnen Platzes als auch der Gesamtanlage zu erhalten bzw. zu fördern und sollte in der Lage sein, das Verständnis für den Limes in der Öffentlichkeit weiterzuentwickeln.

1.2 Inhalten und Geist nationaler wie internationaler Vorgaben. Künftige Maßnahmen zur Präsentation sind unter Beachtung bestehender Vereinbarungen zu erstellen. Zu diesen Vorgaben gehören insbesondere:

- International Cultural Tourism Charter: Managing tourism at places of heritage significance.
- ICOMOS 1999 (Beilage 1).
- Europäisches Übereinkommen vom 16. Januar 1992 zum Schutz des archäologischen Erbes (revidiert) – Konvention von Malta (Beilage 2).
- Kodex der Berufsethik – International Council of Museums 1986.
- „Verfahrensweise bei Rekonstruktion, Nach- und Wiederaufbau von Bodendenkmalen entlang dem ORL" – ebenfalls Bestandteil des Pflege- und Entwicklungsplans, vgl. Anlage …).

1.3 dem allgemeinen Konsens seines Inhalts. Als Konzept mit empfehlendem Charakter sind Ziele und Strategien dieses Museumsentwicklungsplans auch in Zukunft weiter zu entwickeln. Alle Inhalte sind beständig zu überprüfen und an den Stand der wissenschaftlichen Diskussion sowie die Ansprüche der Öffentlichkeit anzupassen.

2. Ziele für die Präsentation und Interpretation

2.1 Die Verbesserung der Museumslandschaft für Besucher soll einen Neu- und Ausbau bestehender Einrichtungen auf einheitlichem und hohem fachlichem Niveau umfassen. Zu gewährleisten sind dabei Qualitätsstandards, die neben der reinen Vermittlung auch die Inhalte des Schutz- und Entwicklungskonzeptes zum ORL wiedergeben.

2.2 Diese Weiterentwicklung hat auf ein vollständiges Vermittlungsangebot abzuzielen, das allen Besuchergruppen, allen Objekten vor Ort und allen Inhalten gerecht wird. Insbesondere an größeren Museumseinrichtungen ist ein sehr breit angelegtes Informationsspektrum zu schaffen, das den Ansprüchen von Schulen, lokalen Anwohnern, dem „Massentourismus" wie dem Bildungsreisenden, internationalem Publikum, Familien usw. gerecht werden kann.

2.3 Die Möglichkeiten in den relevanten Bereichen Denkmal, Museum, (Natur-)Landschaft sind mannigfaltig und können abwechslungsreich gestaltet werden. Trotz unterschiedlicher Schwerpunkte sollte deutlicher werden, dass es sich beim ORL um ein zusammenhängendes Denkmal handelt.

2.4 Ein (materieller) Nutzen durch die Vermittlung (z. B. Einnahmen aus dem Tourismus) soll einerseits für den ORL, andererseits für die Bevölkerung vor Ort verfügbar bleiben.

Um dies zu gewährleisten

- ist eine Vermittlung weitgehend am historischen Ort vorgesehen.
- soll die Ausweitung/Gestaltung des Museumsangebotes solche Ergänzungen anstreben, die thematisch sinnvoll und wirtschaftlich tragfähig sind.
- ist eine Einbindung in öffentlich geförderte Maßnahmen überall dort zu bevorzugen, wo lokale Vermittlungskonzepte zur maßgeblichen Förderung von Schutzmaßnahmen beitragen.

3. Strategien in der Vermittlung

3.1 Gliederung der Museumsebenen

Zur Umsetzung der genannten Ziele ist eine konzeptionelle Gestaltung der verschiedenen Vermittlungseinheiten am ORL erforderlich. Sinnvoll und auf Basis der bereits bestehenden Strukturen umsetzbar ist eine hierarchische Gliederung in vier, aufeinander aufbauende Ebenen mit spezifischen Aufgaben:

3.1.1 Überregionale Museen am ORL
- Räumliche Abdeckung durch „strategische Positionierung" entlang dem ORL.
- Gesamtinformation zum Limes (Historische Hintergründe, Limes generell, …).

- Information zu übergeordneten Themen (Welterbe, Forschungstendenzen, …).
- Verweis auf Schwerpunktmuseen.
- Einrichtungen für alle Besuchergruppen.

3.1.2 Schwerpunktmuseen zu Einzelthemen am ORL

- Vermittlung topografisch-regionaler Besonderheiten und/oder
- Vermittlung besonderer archäologischer Themenbereiche.
- kein Anspruch auf Vermittlung der Gesamtinformation Limes oder genereller Inhalte.
- Verweis auf überregionale Museen
- Fachdarstellung zu jeweiligem Thema vollständig/nach aktuellem Forschungsstand.

3.1.3 Regionale Informationszentren

- Bedeutung insbesondere für die Vermittlung einzelner Limesabschnitte oder Räume.
- Schließen von regionalen Lücken der Vermittlung entlang dem ORL.
- Verweis auf Überregionale Museen und Schwerpunktmuseen.
- Einsatz „ORL-einheitlicher" Elemente in der baulichen und didaktischen Gestaltung.

3.1.4 Kommunale Museen/Heimatmuseen

- Grundstock bilden bestehende Sammlungen in nichtstaatlicher Trägerschaft.
- Konzentration auf örtliche Gegebenheiten. Ziel: Vermittlung für Bevölkerung vor Ort.
- Einbindung in das Museumsrahmenwerk auf inhaltlich-konzeptioneller Ebene.

3.1.5 Lokale Informationspunkte

- Ausschilderung an Kastellplätzen und typischen oder besonderen Objekten an der Strecke.
- Basisinformationen zum ORL und lokale Information.
- Hinweise auf nächstgelegene regionale und kommunale Museen.
- „ORL-einheitliche" (bauliche und didaktische) Gestaltung/Wiedererkennungswert.

Parallel zu diesen vier Vermittlungsebenen kommt bestehenden Museumseinrichtungen abseits des ORL die Aufgabe zu, das Thema „römische Reichsgrenze" zu komplettieren. Das kann beispielsweise durch die Darstellung des Limesvor- und Limeshinterlandes (Germanen als römischem Gegenpart, ziviles Leben innerhalb einer Grenzprovinz, …) geschehen.

3.2 Orte der Vermittlung

Die konzipierte Gliederung der verschiedenen Vermittlungseinheiten in vier Ebenen setzt eine raumdeckende Präsenz der projektierten musealen Einrichtungen entlang dem ORL voraus. Hierfür ist es neben der Abstimmung unter den bestehenden Einrichtungen bzw. ihrer teilweisen Neuausrichtung mittelfristig auch notwendig, in einzelnen Orten zusätzliche Vermittlungseinrichtungen zu schaffen.

3.2.1 Neben den vier bereits bestehenden überregionalen Museen am Limes (Aalen, Osterburken, Saalburg, Weißenburg) wird mittelfristig die Platzierung dreier weiterer überregional bzw. thematisch ausgerichteter Museen am Limes empfohlen (Anfangs-, „Mittel-" und Endpunkte der Limesstrecke an Donau, Main und Rhein). Daneben sind Veränderungen in der bestehenden Museumslandschaft durch gezielten Aufbau und Ausbau der kleineren Vermittlungseinheiten (regional, kommunal, lokal) wünschenswert. Begrüßt werden und anzustreben sind im Einzelnen nachfolgend genannte Vorhaben:

Baden-Württemberg

- Ausbau von Aalen zum überregionalen Museum am ORL (Gestaltung Freigelände).
- Ausbau von Osterburken als überregionales Museum am ORL (Museumserweiterung).
- Aufbau regionaler Informationszentren in Schwäbisch Gmünd und Walldürn.
- Aufbau lokaler Informationspunkte an Kastellplätzen, an denen bislang kaum Vermittlung erfolgt: Böbingen, Lorch, Pfahlheim-Halheim.

Bayern
- Ausbau von Weißenburg i. Bay als überregionales Museum am ORL.
- Aufbau eines überregionalen Museums am ORL in Obernburg a. M. (Beneficiarier, Reichsverwaltung).
- Aufbau eines Schwerpunktmuseums in der Region Neustadt a. d. Donau./Kelheim (Limesende, Donaulimes).
- Aufbau regionaler Informationszentren in Ruffenhofen und Wörth a. M.
- Aufbau lokaler Informationspunkte an Kastellplätzen, an denen bislang kaum Vermittlung erfolgt.

Hessen
- Ausbau der Saalburg in Bad Homburg als überregionales Museum am ORL mit Informationszentrum „Limes in Hessen" und dem Saalburg-Archiv.
- Aufbau regionaler Informationszentren im Rheingau-Taunus-Kreis, Wetteraukreis (Butzbach, Echzell, Friedberg) und Main-Kinzig-Kreis (Großkrotzenburg).
- Aufbau lokaler Informationspunkte an markanten Kastellplätzen (Zugmantel, Arnsburg) und Streckenabschnitten (nördlichster Punkt in der Wetterau, rekonstruierter Abschnitt bei Limeshain-Rommelshausen).

Rheinland-Pfalz
- Aufbau eines Informations- und Vermittlungs-Schwerpunktes (Caput limitis, Rheinlimes).
- Aufbau regionaler Informationszentren in Bad Ems und Pohl.
- Aufbau lokaler Informationspunkte an Kastellplätzen, an denen bislang kaum Vermittlung erfolgt.

3.2.2 Eine Stärkung in der Vermittlung des ORL ist auch in der medialen Präsentation anzustreben. Hierfür bietet sich der Einsatz Neuer Medien (Aufbau IT-gestützter Systeme wie InterNet, IntraNet, Info-Terminals) sowie aller herkömmlichen Formen zur Vernetzung bestehender Einrichtungen an. So wird auch die Herausgabe von Prospekten, Zeitschriften u. ä. oder gemeinsam beworbene Veranstaltungen angeregt.

3.3 Inhalte der Vermittlung
Verpflichtung und Chance einer Vermittlung entlang dem ORL liegt insbesondere in dem entscheidendem Charakteristikum, dass mit authentischen Bodenzeugnissen Realien einer historischen Epoche vorliegen.

3.3.1 Verstärkt ist daher auf die Darstellung des Denkmalbestandes abzustellen, die neben der Positionierung des Limes in der Naturlandschaft auch die Verbindung von Bodenfunden mit historischen Quellen umfasst.

3.3.2 Didaktische Elemente, die sich mit Möglichkeiten und Grenzen der Archäologie, dem Umgang mit historischen Quellen, den Beziehungen zwischen Originalen und Kopien u. ä. beschäftigen, sind gemäß anerkannter Standards zu gestalten.

3.3.3 Im Einzelnen ist folgenden Punkten verstärkte Aufmerksamkeit zu schenken:
- Betonung des Limes als zusammengehörigem authentischem Denkmal
- Betonung von Schutz- und Forschungsaspekten (Verstärkte Vermittlung von Intention und Sinn der Welterbe-Konvention)
- Bei der Präsentation von Funden sind die anerkannten Maßgaben zum Schutz des archäologischen Erbes zu beachten (Fundorttreue, Bodenechtheit, Verzicht auf Funde ungesicherter Herkunft).

4. Nachwort
Dieses Papier ist Bestandteil des Schutz- und Entwicklungskonzepts (Managementplan) des Antrags zur Aufnahme des Obergermanisch-Raetischen Limes in das Welterbe. Es beschreibt als „Museums-Entwicklungsplan Obergermanisch-Raetischer Limes" eine auf Konsens fußende Absichtserklärung der nachfolgend genannten Institutionen zur künftigen musealen Darstellung des Limes in den vier Bundesländern Baden-Württemberg, Bayern, Hessen und Rheinland-Pfalz.

Ausgewählte Literatur

D. BAATZ, Der römische Limes.
Archäologische Ausflüge zwischen Rhein und Donau (4. Auflage, Berlin 2000).

D. BREEZE/S. JILEK/A. THIEL,
Frontiers of the Roman Empire, Grenzen des Römischen Reiches. Frontières de l'Empire Romain
(Edinburgh, Esslingen, Wien 2005).

DEUTSCHE LIMES-STRASSE (Hrsg.),
Deutscher Limes-Radweg.
Von Bad Hönningen am Rhein bis Regensburg an der Donau (Aalen o. J.).

CH. FLÜGEL, Römische Museen und Sammlungen in Bayern.
Rezente Projekte und Perspektiven. Acta Praehistorica et Archaeologica 2006, 85-96.

C. A. JOST, Der Römische Limes in Rheinland-Pfalz (2. Auflage, Koblenz 2006).

W.E. KELLER/W. KOPPER, Deutsche Limesstraße, Deutscher Limesradweg
(Treuchtlingen 2003).

M. KEMKES, Weltkulturerbe Limes als Freizeitvergnügen?
Museale Planungen zur Römerzeit am Limes in Baden-Württemberg. Museumsblatt. Mitteilungen aus dem Museumswesen Baden-Württembergs 38, 2005, 10.

M. KEMKES/J. SCHEUERBRANDT/ N. WILLBURGER, Am Rande des Imperiums.
Der Limes. Grenze Roms zu den Barbaren (Stuttgart 2002).

M. KLEE, Grenzen des Imperiums, Leben am römischen Limes (Stuttgart 2006).

D. PLANCK (Hrsg.), Der Limes.
Römische Grenze zwischen Rhein und Donau. Geschichte und Archäologie. Württembergischer Staatsanzeiger, Sonderheft (Stuttgart 2003).

B. RABOLD/E. SCHALLMAYER/A. THIEL,
Der Limes. Die Deutsche Limesstraße vom Rhein zur Donau (Stuttgart 2000).

A. THIEL, Wege am Limes.
55 Ausflüge in die Römerzeit (Stuttgart 2005).

ZABERNS BILDBÄNDE ZUR ARCHÄOLOGIE,
Grenzen des Römischen Imperiums
(Mainz 2006).

Freizeitkarten:

Gemeinschaftlich herausgegeben von der Deutschen Limeskommission, dem Verein Deutsche Limes-Straße, den Landesämtern für Denkmalpflege sowie den Landesvermessungsämtern Baden-Württemberg, Bayern, Hessen und Rheinland-Pfalz sind Topographische Sonderkarten im Maßstab 1 : 50 000 erschienen:

Obergermanisch-Raetischer Limes in Rheinland-Pfalz von Rheinbrohl bis zur Saalburg (Hessen). (2007).

Obergermanisch-Raetischer Limes in Hessen von Heidenrod/Kemel bis Miltenberg am Main (2007).

Obergermanisch-Raetischer Limes in Baden-Württemberg von Miltenberg am Main bis Mönchsroth (2005).

Obergermanisch-Raetischer Limes in Bayern von Mönchsroth bis Eining an der Donau (2008).

Diese zeigen den Limesverlauf, seine sichtbaren Abschnitte und Kastelle, den Limeswander- und Limesradweg sowie die Streckenführung der Deutschen Limesstraße zwischen Rhein und Donau. Sie sind über die Landesvermessungsämter oder über den Buchhandel zu beziehen.

Ferner sind erhältlich:

Landesvermessungsamt Rheinland-Pfalz (Hrsg.), Topografische Freizeitkarte 1 : 25 000.
Der LIMES – UNESCO-Welterbe von Rheinbrohl bis Rheinbrohl – Holzhausen an der Haide (2006).

Erhältlich ebenfalls auf CD-ROM für Windows 98/ME/NT4.0/2000/XP.

Hessisches Landesamt für Bodenmanagement und Geoinformation (Hrsg.), Topographische Freizeitkarte 1 : 25 000.
Der LIMES – UNESCO-Welterbe von Holzhausen an der Haide bis zur Saalburg (2006).

Weitere Medien:

DVD – Der römische Limes,
Ellie Kriesch (2005).
DVD – Der Limes in Deutschland,
Boundary Productions (2005).
DVD – Hadrianswall und Antoninuswall,
Boundary Productions (2006).
DVD – Der Donaulimes,
Boundary Productions (2008).

CD-ROM – Ein römisches Kastell in Deutschland,
Robert Frank/Daniel Krüger (2003).
CD-ROM – Der Limes – eine antike Grenze,
Joachim Ost (1998).

Anschriften der Autoren

Dr. Manfred Baumgärtner
Verband der Limes-Cicerones e.V.
An der Lauter 27
73563 Mögglingen
Tel. 0 71 74 / 80 59 44
info@limes-cicerones.de
www.limes-cicerones.de

Dr. Thomas Becker
Rheinisches Amt für Bodendenkmalpflege
Endenicher Str. 133
53115 Bonn
Thomas.Becker@lvr.de

Dr. Stephan Bender
Limesinformationszentrum
Baden-Württemberg
St.-Johann-Str. 5
73430 Aalen
info@liz-bw.de
www.liz-bw.de

Dr. Christof Flügel
Bayerisches Landesamt für Denkmalpflege
Landesstelle für die
nichtstaatlichen Museen in Bayern
Alter Hof 2
80331 München
christof.fluegel@blfd.bayern.de

AG Römische Museen am Limes
Kontakt:
Dr. Bernd Steidl
Archäologische Staatssammlung
Lerchenfeldstr. 2
80538 München
bernd.steidl@extern.lrz-muenchen.de

Dr. Cliff A. Jost
Generaldirektion Kulturelles Erbe
Direktion Archäologie – Außenstelle Koblenz
Niederberger Höhe 1
56077 Koblenz
archaeologie-koblenz@t-online.de
www.archaeologie-koblenz.de

Dr. Martin Kemkes
Archäologisches Landesmuseum
Baden-Württemberg
Referat Zweigmuseen
Lützower Str. 10
76437 Rastatt

Dr. Andreas Thiel
Deutsche Limeskommission
Saalburg 1
61350 Bad Homburg
geschaeftsstelle@deutsche-limeskommission.de

Abbildungsnachweis

Arch. Landesmus. Ba-Wü (M. Kemkes): S. 60o, 61, 62u, 64o; Th. Becker: S. 13u, 21o, 29u, 95u; S. Bender: S. 26, 27u; wie A. von Cohausen, Der römische Grenzwall in Deutschland (Wiesbaden 1884) Taf. 3,5: S. 20o; Deutsche UNESCO Kommission: S. 92; DLK (B. Müller): S. 8/9, 20u, 22u, 24/25, 44/45, 47o, 48u, 54/55, 68/69, 70, 90/91, 100–103, 105–113, 115–119; DLK-Limesdatenbank: S. 52/53, 57u; DLK (M. Horn): S. 94; www.digitale-archaeologie.de: S. 73u, 77; wie O. Gärtner, Kloster Arnsburg in der Wetterau (Königstein i. T. 1989) S. 4u, 28u; C. M. Hüssen/F. Leja: S. 32; E. von Kalle, Nachlass im Hauptstaatsarchiv Stuttgart: S. 28o; LfD Ba-Wü: S. 12o, 19, 48o, 51, 93; LfD Ba-Wü (O. Braasch): S. 11u, 58, 63, 96, 114; LfD Ba-Wü (H. von der Osten): S. 59m; LfD Ba-Wü (R. Haidu): S. 64u; LfD Ba-Wü (YAM): S. 13o; LfD Bayern (O. Braasch): S. 99; LfD Bayern (J. Fassbinder): S. 49o, 74u; LfD Bayern (Ch. Flügel): S. 71, 73o, S. 75, 76; LfD Bayern (K. Leidorf): S. 29o, 74o, 79; LfD Hessen: S. 31; LfD Hessen (O. Braasch): S. 16, 27o, 30u, 33o; LfD Hessen (K. Leidorf): S. 30o; LfD Hessen (W. Kröll): S. 40; LfD Rh-Pf (C. A. Jost): S. 22o; Landesmus. Württemb. (H. Zwietasch): S. 21u, 66, 67; Limesmus. Aalen: S. 17u, S. 57o, 65u; Limesmus. Aalen (U. Sauerborn): 78; D. Müller: S. 50o; wie K. Nahrgang, Die Bodenfunde der Ur- und Frühgeschichte im Stadt- und Landkreis Offenbach a. M. (Frankfurt a.M. 1967) Abb. 197: S. 28m; R. Pereira: S. 27m, 37u, 38; picture-alliance/Bildagentur Huber/Lubenow: S. 17o; picture-alliance/dpa: S. 80/81; picture-alliance/dpa: S. 37o; plainpicture/whatapicture: S. 18o; Röm-Germ. Komm. des DAI – Limesarchiv: S. 14, 18u, 72, 95o; Saalburgmuseum (E. Löhnig): S. 53; Stadt Schwäbisch Gmünd – Garten und Friedhofsamt (A. Ströbele): S. 59u; Stadt Weißenburg: S. 39; A. Thiel: S. 11o, 12u, 23, 36u, 46, 49u, 56, 60u, 104; S. B. Tschakert: S. 41, 42; Verband der Limes-Cicerones: S. 33u (S. Felger); S. 59o, 62o, 81o, 82–89; H. Wolf von Goddenthow (atelier-goddenthow.de): S. 15